經濟學有什麼難的？

我媽都懂了，你呢

不談公式，只談生活！用最日常的語言，讀懂最有用的知識

遠略智庫 著

THE SIMPLE TRUTH ABOUT ECONOMICS

不只學經濟，更是學會生活中的選擇邏輯；
用經濟思維拆解日常困惑，做決定也能更有底氣！

目錄

序	讓經濟學成為每個人的生活語言	005
第一章	什麼是經濟學？我們每天都在做的決定	011
第二章	價格怎麼來的？走進市場的世界	041
第三章	買與不買的背後：消費者行為經濟學	067
第四章	你我都是生產者：企業如何做決策	091
第五章	人生理財學：個人與家庭的經濟選擇	117
第六章	政府與你：公共政策的經濟邏輯	143
第七章	全球經濟與你我有關	169
第八章	數位時代的經濟新現象	199
第九章	氣候變遷與未來經濟	231
第十章	用經濟學過更好的生活	263
專業名詞與解釋總覽		295

目錄

序
讓經濟學成為每個人的生活語言

一、寫給不想學經濟，
　　卻每天都在用經濟思考的你

當你猶豫晚餐要吃什麼、考慮是否要跳槽、在購物網站點下結帳鍵、為孩子的未來擔憂教育費、想要投資卻不確定風險能不能承受──其實你已經在做經濟學決策了。經濟學從來不是只有供需曲線與 GDP 的計算，它是一門探討人如何在有限資源下做選擇的學問。

問題是：學校的經濟學教材太多公式、太少生活；媒體上的經濟新聞太專業、太難懂。於是許多人以為經濟學離自己很遠，只有專家與財經記者才懂。但真相是：你不需要會算供給彈性，也能做出更好的經濟選擇。

本書正是為了這樣的你而寫。你可能從沒上過經濟學課，或曾經學過但覺得難以理解。沒關係，我們將從你每天會遇到的問題開始談起。從買東西、與人互動、看待工作、管理錢財、面對未來不確定性，一直到氣候變遷與科技轉型。我們用

序　讓經濟學成為每個人的生活語言

日常語言講經濟學，用真實案例說明理論，用一套你「其實早就在使用」的邏輯，重新讓你看懂生活。

二、經濟學是一種工具，而不是一種信仰

我們不會給你標準答案，但會給你一套更清晰的思考架構。當你學會以下這些概念，你將發現它們會滲透到你生活的每一個角落：

- ◆ **機會成本**：當你選擇A時，其實同時放棄了B；明白這一點，你的選擇將更謹慎，也更自由。
- ◆ **邊際效用遞減**：為什麼第一口蛋糕最甜？為什麼再買一件衣服就沒那麼開心？
- ◆ **沉沒成本**：你不該為了過去已經付出的時間與金錢，繼續做沒效益的事。
- ◆ **誘因設計**：行為改變，不靠意志力，而是靠好制度與環境設計。
- ◆ **效用最大化**：花錢不是追求最便宜，而是追求對你最值得的組合。

這些不是學術詞彙，而是讓你面對金錢、時間、人際與未來時，更有掌控感的工具。

三、本書怎麼使用最有效？

本書結構：從你我身邊開始，循序建構經濟直覺

本書共分為十章，每章七節，每節皆為獨立主題，從個人選擇、家庭生活、市場觀察、數位轉型到氣候變遷，逐步帶領讀者建立「經濟思考」的習慣與應用力。

以下是章節設計邏輯：

◆ 第一章至第四章：建立基礎概念，從個人生活與理性選擇出發。

◆ 第五章至第七章：拓展到社會議題、全球經濟與制度設計的觀察。

◆ 第八章至第九章：面對科技與氣候新挑戰，建立現代經濟素養。

◆ 第十章：回歸個人，教你如何用經濟學過更好的生活。

你可以從頭讀起，也可以根據當下的問題選擇閱讀順序，例如：

◆ 想重新檢視消費習慣，讀第十章第一節。

◆ 想了解碳稅與氣候政策，讀第九章第二節。

◆ 想改善人際溝通與理解，讀第十章第三節。

序　讓經濟學成為每個人的生活語言

每節篇幅適中、用字平易、案例真實，適合每天閱讀一節，慢慢累積你的經濟敏感度。

誰適合讀這本書？

- **剛進社會的新鮮人**：你需要一套能幫助你職涯、金錢與未來選擇的基礎判斷工具。
- **正在轉職或思考未來的職場人**：這本書將幫你重建「選擇力」，而不是只有「努力」與「順從」。
- **關心公共議題卻感到無力的一般公民**：你會學會看懂稅、補貼、通膨、全球化這些詞背後的影響。
- **父母與教育者**：你可以把書中概念帶進孩子生活裡，用日常對話建立經濟直覺。
- **對經濟學有陰影的人**：這本書會用不考試、零數學、無公式的方式，讓你愛上原本覺得難以親近的經濟思維。

本書特色與閱讀方式

- **真實案例搭配概念解析**：每一節至少搭配一個近年發生的臺灣或國際生活案例，理論絕不空談。
- **不需預備知識、不用公式圖表**：你無需任何經濟學背景，只需一點點好奇心與願意換角度思考的勇氣。

此外，建議你準備一本筆記本，記下閱讀過程中你印象深刻的「經濟行為時刻」，像是：

- 某次花錢前想了一下機會成本；
- 某次選擇不加班而選擇去健身，是因為理解了邊際效用；
- 某次對親人的態度因理解誘因而轉變。

這些都是你逐步建立經濟意識的具體證明。

四、從學會「想清楚」，到真的「過得更好」

這本書不保證讓你賺更多錢，但我們相信，它能幫你：

- 做選擇更有邏輯、更少後悔；
- 建立金錢與時間的使用策略；
- 看懂制度與市場的背後邏輯；
- 在人際與職場中，成為更能換位思考與設計溝通的人；
- 在不確定的時代裡，保有選擇的主權與節奏感。

我們生活在一個資訊爆炸、誘惑四起、焦慮日增的年代。真正的力量，不是知道更多，而是「知道什麼重要、知道怎麼做選擇」。這正是經濟學要給你的核心能力。

現在，讓我們一起，用經濟學過更清楚、更自由、更踏實的生活。

序　讓經濟學成為每個人的生活語言

第一章
什麼是經濟學？
我們每天都在做的決定

第一章　什麼是經濟學？我們每天都在做的決定

第一節　為什麼懂經濟就能過得更好

在臺北市捷運上，一位上班族正打開手機查看 Uber Eats 優惠，思考今天午餐是要叫雞排飯還是走去巷口自助餐。她打開全聯 App 看看有沒有點數即將到期，又順手查一下蝦皮商城的滿額折扣。這些看似稀鬆平常的日常決策，其實背後都隱含了經濟學的運作邏輯。

經濟學從不只是紙上談兵，它與我們的生活緊密連結，甚至每天都在影響我們的選擇與生活品質。從早餐要不要加蛋，到是否投資一張高鐵早鳥票，從選擇健保診所還是自費醫美，到考慮是租屋還是買房，每一項行動，都與資源分配與成本效益有關，而這正是經濟學關心的事。

> **選擇的背後：**
> **我們如何用「有限」去追求「更好」？**

經濟學的核心問題，就是稀缺。人類的欲望無窮無盡，資源卻有限。你只有一天 24 小時、每月一筆薪水，但要分配給吃喝、房租、交際、學習、甚至養寵物，每一分錢與每一分時間，都得仔細思考怎麼使用。這背後就是機會成本的概念。

舉例來說，假設你週六晚上有兩個選擇：一是看一場 450 元的電影，二是和朋友去夜市聚餐。如果你選擇看電影，那麼

第一節　為什麼懂經濟就能過得更好

你放棄的，就是與朋友聚餐的機會與情感交流。這個「沒選到的最好選項」，就是你的機會成本。經濟學正是幫助你理性看清這些代價，協助你做出更適合自己的選擇。

同樣的道理也適用於時間與職涯選擇。比如你有一個週末，原本可以拿來進修或休息，卻選擇兼職打工賺加班費。那麼，你真正失去的，可能不是單純的放鬆時間，而是未來升遷的能力養成。許多人生選擇表面看來只是「當下比較划算」，但經濟學會讓你多想一步：什麼才是長期回報更高的選擇？

日常經濟思維：便利商店與房價的啟示

臺灣的便利商店密度世界數一數二，光臺北市走五分鐘就有可能經過三間超商。為什麼會這樣？因為開在高人口密度地區的便利商店，能快速回本，地點與租金之間的利益計算就是一門活生生的經濟學。

此外，便利商店也展現了產品定價與促銷策略的經濟應用。你可能注意到，熱食區的便當常常搭配茶飲打折、咖啡第二杯半價、集點送贈品等誘因設計，這些都是為了刺激邊際消費、延長顧客停留時間，進而提升整體營收。若你觀察更細膩，會發現價格並不是產品唯一的價值考量，便利、可得性與品牌信任也會影響消費決策，這正是經濟學裡談的「非價格因素」在實際生活中的展現。

第一章　什麼是經濟學？我們每天都在做的決定

再來看看房價。臺北市的房價高不可攀，讓許多年輕人選擇在新北市或桃園買房通勤。這不是單純的交通問題，而是典型的「成本－效益分析」：通勤時間變長，換來的是房價負擔減輕。懂得用經濟思維分析這種權衡，有助你做出更長遠且不後悔的決策。

而且，房價的背後其實涉及多種經濟因素，包括供需、地段稀缺性、政策補貼、貸款利率與市場預期。例如 2021 年臺灣央行升息時，不少買房者預期貸款成本將增加，反而加快購屋行動，這也是「預期心理」如何影響市場行為的實際案例。

政策也關乎你我：
口罩實名制與振興券的經濟原理

2020 年疫情爆發時，臺灣實施的口罩實名制，其實是一種政府介入市場機制的經典案例。當市場價格無法反映真正需求（比如口罩被搶購、價格暴漲），政府介入配給與限購，避免資源集中在特定人手中，這就是經濟學中「市場失靈」與「政府干預」的實務操作。

政府透過健保卡實名購買，限制每週可購買數量，並由國家協助生產與物流分配，這展現了公共資源調配的經濟決策智慧。這不僅是衛生防疫問題，也關係到公平分配與社會穩定。

另外，政府在疫情期間發放的振興券，也蘊含經濟學的乘數效果。2020 年底的三倍券，不僅設計了綁定機制（如信用卡、

悠遊卡),還搭配地方加碼券與數位回饋,藉由刺激民間消費,帶動週邊產業與服務業復甦。這些政策若只看現象,可能覺得只是撒錢,但從經濟學角度看,是希望提升「邊際消費傾向」,進而產生總體需求的外溢效應。

經濟學幫你走得更穩,也更遠

學習經濟學,不是要變成學者,而是讓你看清選擇背後的邏輯。它幫助你不被情緒牽著走、不受廣告操弄、不被錯誤的政策說詞所誤導。它讓你買東西前能多想一步、談薪水時多爭一分、做投資時多看一眼風險。

比方說,很多人在購買保險時容易被推銷話術牽著走,但若懂得機率、風險分散與期望值的概念,會更知道怎麼配置保單與投資比例。又如網路團購流行的「限時」、「限量」促銷,就是在激發人們的「機會成本恐慌」與「損失厭惡心理」,若你具備基本的行為經濟學素養,就不容易陷入盲從與衝動購買。

如同美國經濟學家湯瑪斯・索維爾(Thomas Sowell)在《願景的衝突》(*A Conflict of Visions*)中所指出:「沒有解決方案,只有權衡」(There are no solutions. There are only trade-offs.)。諾貝爾經濟學獎得主司馬賀(Herbert Simon)提出的「有限理性」與「滿意解」(satisficing)概念,也支持這種務實取向。學會經濟學,就是學會在這些權衡中,活得更有智慧與餘裕。

第一章 什麼是經濟學？我們每天都在做的決定

> 經濟學讓你過得更好，
> 不是賺得最多，而是選得最好

每個人都在做選擇，有些人憑感覺，有些人靠直覺，但如果你能懂一點經濟學，就能更清楚地掌握代價與效益，避開風險，選擇真正對自己有價值的事。經濟學，不是高深莫測的學問，而是過更好生活的一種工具。從便利商店的定價，到政府政策的補貼設計，再到你每個月的理財規劃，經濟學都是背後那雙看得見的手，引導你走向更有策略與平衡的生活。

第二節　選擇的背後：什麼是機會成本

每個人每天都在做選擇，從早上要不要賴床、午餐吃什麼、下班後是去健身還是追劇，一直到長期如職涯規劃、搬家或投資決策，無一不牽涉到「取捨」。而這一切的核心，正是經濟學中非常重要的一個觀念——機會成本（opportunity cost）。

所謂機會成本，指的是當你做出某個選擇時，所放棄的那個「次佳選項」的價值。它不是你付出多少錢的問題，而是你犧牲掉什麼可能更好的可能性。

第二節　選擇的背後：什麼是機會成本

從早餐選擇看見經濟思維

想像你今天早上出門趕上班，有兩個選擇：到公司樓下便利商店買三明治配熱美式，總共 85 元，或走五分鐘到巷口早餐店點蛋餅加豆漿，只要 65 元。你選擇便利商店，是因為節省時間，但也等於放棄了省 20 元與享受熱騰騰現做早餐的機會。這 20 元的價格差、五分鐘的時間差，以及口感與飽足感的差異，統合起來，就是你做這個決策時的「機會成本」。

人們在做選擇時，往往只看眼前得失，卻忽略了那個「沒選擇的選項」其實才是最真實的代價。這也是為什麼懂機會成本的人，常常更能評估長期利益，而不只被眼前小利吸引。

大學生的學費與就業機會：一筆需要被看見的成本

在臺灣，許多高中生在選擇大學科系時，往往只考慮興趣與分數，卻較少思考未來的職涯樣貌與經濟現實。舉例來說，假如一位學生錄取中文系，一年學費約四萬元，四年後踏入職場時，起薪可能與部分高中畢業就業者相近。相對地，若同樣的學生選擇科技相關科系，畢業後進入半導體產業，初期薪資可能會高出一萬以上。

這中間的差異，並不是說某些科系「比較好」或「比較賺錢」，而是提醒我們：不同選擇會帶來不同的收穫與挑戰。也許有人會說，直接就業的話，四年下來可能累積約 120 萬元的收入；

第一章　什麼是經濟學？我們每天都在做的決定

而讀大學，則是一段專注學習、延後進場的準備期。

重要的不是去比較誰比較賺、哪條路更優越，而是清楚看見：每一個選擇都伴隨著不同的成本與機會。興趣、學術熱情、專業訓練、未來收入、生活型態——這些面向缺一不可，都值得被認真考量。當我們能更全面地理解與評估，就能做出最貼近自己期待的選擇，而不只是跟著分數或社會偏見走。

房租與買房：一筆無形的試算表

假設你住在臺北市中心，一間套房月租 15,000 元，而若改在新北市租屋，租金只要 9,000 元。乍看之下差 6,000 元的租金開銷，但實際機會成本包括了通勤時間（可能每天多出 2 小時）、交通費、心理疲勞與生活品質的落差。

又例如買房。許多年輕人因為「怕買貴」而持續觀望，或覺得自己沒能力負擔。實際上，在利率偏低的年代早點進場者，不但可以用固定支出取代租金波動，也可能享有未來資產增值的空間。這些「延遲購屋」所放棄的資產增值與租金節省，就是潛在的機會成本。

政策選擇也有機會成本：以臺灣能源政策為例

以臺灣在非核與再生能源政策的爭議為例，若政府選擇大幅推進綠能建設，投入數千億經費於風電、太陽能等基礎建設，

第二節　選擇的背後：什麼是機會成本

那麼就必須放棄相同預算下，投入在教育、社福或交通等領域的可能性。

這不是說選擇發展綠能不好，而是每個政策背後，其實都存在著機會成本。若政府或民眾忽略這種思維，往往容易陷入單一政策導向，忽略長期綜效與交叉影響。

機會成本與情感決策：從婚禮與存錢談起

在臺灣，婚禮常常是一筆龐大開支。一場婚宴動輒花費 30 萬～ 100 萬元，許多新人為了體面而鋪張辦宴，卻可能因此壓縮了蜜月、購屋基金或未來育兒開銷的空間。若從經濟學角度來看，辦婚禮的機會成本，不只是金錢，而是那筆錢原本可以用來完成的人生其他目標。

當然，婚禮有其文化與情感價值，不能單用金錢衡量，但若能在情感與理性之間找到平衡，經濟學思維便能幫助我們更明智分配有限資源。

每日生活的機會成本練習：用經濟眼光重新看世界

你花時間滑手機看短影音，可能錯失了一本書的閱讀時光；你多買了一件特價衣服，可能延後了投資理財的存款計畫；你用現金買東西放棄了刷卡的回饋和優惠，這些都是日常中潛藏的機會成本。

第一章　什麼是經濟學？我們每天都在做的決定

一位在竹科工作的工程師分享，他在疫情期間重新檢視生活支出後，發現每週點兩次 Uber 買晚餐，其實一年累積起來花費超過五萬元。他後來改為自己準備便當，不但健康，還讓他一年多出了一筆旅遊基金。他說：「以前以為省一兩百沒什麼，但從機會成本看，就很有感。」

用機會成本打造有意識的生活

我們一生的時間與資源都有限，能否過上更有品質的生活，不只是賺得多，而是選得好。懂得思考機會成本，就是用理性的視角看見每一個選擇背後真正的代價。

從今天起，當你面對任何一個選項，不妨多問自己一句：「如果我選這個，放棄的是什麼？」這個問題，或許無法馬上給你答案，但會幫你避開許多後悔的陷阱。

第三節　資源為何總是不夠用？

每當發薪日來臨，不少上班族可能興奮地規劃旅遊、購物、犒賞自己，但短短幾週後又感嘆：「怎麼錢又不夠用了？」這不只是一種主觀感受，而是揭示了經濟學的核心現實——資源的稀缺性。

我們的時間、金錢、注意力、土地、水、能源，無一不是

> 第三節　資源為何總是不夠用？

有限的。經濟學正是研究人們如何在資源有限的情況下，做出最有效的選擇。無論你是家庭主婦、工程師、政府官員或企業老闆，只要你要「分配資源」，就會遇上這個問題。

什麼是稀缺？從「週末時間」談起

想像你的週末只有兩天時間，但你想做的事情卻很多：陪家人、補眠、學習進修、整理家務、出門聚會、追劇放鬆……每一件看起來都值得做，卻無法樣樣兼顧。這時你就會發現，時間是最稀缺的資源。

根據臺灣行政院主計總處的統計，2023 年臺灣勞工平均每週工作時數超過 41 小時，加上通勤與家務時間，其實留給自己運用的自由時間非常有限。你若要選擇花時間參加一場線上課程，就要放棄某場朋友聚會或休息時光。這樣的權衡，就是「稀缺性」帶來的現實。

錢為何總不夠用？從家庭預算說起

一個四口之家的家庭每月支出可能包含房租（或房貸）、食物、交通、學費、娛樂、保險與醫療開銷。即使收入穩定，這些支出依然很容易讓預算吃緊，尤其當遇到孩子補習費用增加、水電費調漲或臨時醫療支出時，更容易感到經濟壓力。

這說明了一個現象：即使收入增加，花費也會跟著增加，

因為我們的需求與欲望是無止境的。這就是經濟學家所說的「相對稀缺性」：人類欲望無窮，但資源有限。

臺灣土地與房價的矛盾：地是固定的，需求卻不斷上升

臺灣地狹人稠，尤其臺北、新北、桃園等大都會區的房價長年高漲。根據實價登錄資料，2024 年臺北市中正區和大安區平均每坪房價已突破 90 萬元。土地是極其稀缺的資源，政府無法「製造」更多市中心地段，而人口成長與城市化卻不斷拉高住宅需求。

這種供不應求的情況，使得房地產價格居高不下。這不只是資本市場的現象，更是稀缺性在現實社會裡的展現。當資源無法平均分配，誰能擁有它，就會成為貧富差距的重要指標。

資源錯配的代價：從食物浪費談起

根據行政院農委會統計，臺灣每年浪費的食物量超過 300 萬噸，包含剩菜、過期食材與處理不當的生鮮蔬果。另一方面，卻仍有不少社福單位與弱勢家庭面臨糧食不足的困境。

這種現象揭示了「資源錯配」的問題：不是沒有資源，而是資源沒能被有效使用或正確分配。這也正是經濟學在公共政策設計中所關心的議題：如何提升配置效率，讓每一單位資源都

第三節　資源為何總是不夠用？

能發揮最大價值。

臺灣近年興起的食物銀行、共享冰箱與惜食平臺，正是一種對稀缺資源更有效利用的創新。透過媒合機制與數位平臺，讓剩食能轉贈給有需要的人，這正是一種「市場外」但有效率的資源再分配。

醫療資源有限，怎麼分？從健保制度看見經濟選擇

臺灣的全民健保制度為人稱道，但背後其實隱含了許多資源分配的困難選擇。健保經費有限，若投入太多在高齡長照或癌症末期治療，可能會排擠基層醫療與預防保健的資源。

例如：若某種高價新藥可延長末期病患存活三個月，但一劑要價數十萬元，是否該納入健保給付？這樣的決策背後不只是醫療倫理，更是經濟學上的「資源分配效率」問題。

因此，經濟學讓我們思考：當需求遠超資源，我們應如何設計制度，使選擇不僅合理，更具正義性？

為什麼總是「不夠」？欲望與廣告推動下的心理稀缺

不只外在資源有限，人的主觀感受也讓「不夠」變成常態。行為經濟學研究指出，人類對損失的敏感度遠高於對獲得的快樂，這造成我們對於「可能失去」的東西特別在意。

此外，廣告與社群媒體不斷強化我們對「更好生活」的渴望，讓人覺得現在的不夠用是「理所當然」。不論是 iPhone 換新、旅遊升級、或孩子教育的投入，只要看到別人有、自己沒有，就會產生主觀的稀缺感。

經濟學提醒我們：欲望雖無窮，但資源要有效配置。唯有認清稀缺的本質，才能從「永遠不夠」的焦慮中跳脫，回到對資源價值的冷靜評估。

承認有限，才能活出價值

資源有限，是人生的常態。不管是時間、金錢、土地或醫療，每個選擇都必須在「有所放棄」的前提下做出。經濟學並非教我們變得冷酷，而是協助我們在有限中找到更好的分配方式。

如果我們能學會計算時間的價值、認識支出的優先順序、避免浪費與錯配，那麼有限的資源也能創造無限的可能。稀缺不應該是抱怨的理由，而應是智慧分配與創造價值的起點。

第四節　生活中的稀缺與效率

在現代社會裡，「忙碌」似乎成為多數人的日常寫照。早上趕捷運、中午排隊買便當、下班趕著接小孩、假日趕行程旅遊，生活的節奏就像一場持續運轉的機器。在這樣的環境下，我們

第四節　生活中的稀缺與效率

面對的不只是資源稀缺,更是如何「有效運用」的問題,也就是經濟學中另一個核心觀念——效率(efficiency)。

效率指的是在資源有限的情況下,如何產出最多的價值或達成最大的滿足。當一位家庭主婦能在半小時內準備三菜一湯、當一個公司能在不增加人力的情況下完成更多訂單、當政府能以有限預算蓋出更多社宅,這些都是效率提升的展現。

時間管理:生活裡最真實的效率戰場

在臺灣職場文化中,加班被視為勤奮的表現,但是否真有效率則另當別論。許多上班族明明工時長,卻產出不彰,反映的是「勞力投入」未轉化為「有效產出」。根據行政院勞動部的調查,2023 年臺灣平均工時為亞洲前段班,但勞工滿意度與生產力未必同步上升。

效率不只是做得多,更是做得對。在時間管理上,若你能有效規劃一天的任務優先順序,利用番茄鐘工作法、專注時段設計等技巧,就能在不延長工時的情況下提升產出。這是「投入不變,產出增加」的效率提升。

購物決策中的效率:時間、金錢與便利的取捨

以採購日常用品為例,一名新手媽媽想買嬰兒尿布,她可以選擇:

第一章　什麼是經濟學？我們每天都在做的決定

- ◆ 走路到住家附近超商購買，單價高但快速方便。
- ◆ 搭車到量販店大量採購，價格較低但耗時又費力。
- ◆ 上蝦皮購物，透過比價與折扣碼節省成本，但須等待物流。

哪一個選擇最有效率？端看她的優先考量是價格、時間還是體力分配。若她已經身心俱疲，超商雖貴但可立即解決需求，反而是最符合個人狀況的「有效選擇」。這提醒我們，效率不只是用數字衡量，更要根據不同人的實際情境來判斷。

醫療效率：健保下的兩難

臺灣健保制度雖然覆蓋率高、負擔低廉，但也產生「過度就醫」的現象。根據健保署數據，平均國人一年看診次數超過15次，遠高於OECD國家平均。許多民眾出現輕微不適就掛號，導致醫療資源擁擠、醫護人力負荷過重，反而降低了整體醫療效率。

為因應資源有限與就醫需求過度的矛盾，臺灣部分醫療機構導入預約制度、分流機制與遠距診療服務。以臺大醫院與高雄長庚醫院為例，皆建置人工智慧初步評估系統，協助判斷病人緊急程度，優先處理重症個案，有效緩解急診壅塞問題。這些改革反映出醫療制度對資源分配效率的重視，亦是因應人口老化與醫療需求上升的重要對策。

第四節　生活中的稀缺與效率

交通效率：一條捷運的多重效益

臺北捷運的建設不僅讓通勤時間縮短，也提升都市運輸效率。根據臺北捷運公司年報，2023 年每日平均運量超過 200 萬人次，相比開車、騎車或搭乘公車，不僅減少交通擁塞，也降低碳排放與能源消耗。

這正是公共建設提升社會整體效率的例證。每一元投入捷運工程的經費，不只是建造硬體，更是在換取節省的時間成本、能源成本與環境成本。

而在效率思維下，政府的角色不只是投資者，更是設計者。例如捷運系統與公車路線的接駁設計、共乘系統、智慧交通燈號等，皆需仰賴良好的「資源分配邏輯」，這正是公共經濟學裡強調的社會整體效率提升。

行動支付與數位化：效率革命的實例

疫情以來，臺灣行動支付使用者快速增加。根據財金公司統計，2023 年行動支付交易筆數突破 20 億筆。從悠遊卡、LINE Pay 到街口支付，不僅提升交易便利性，也減少現金處理與排隊時間。

這些科技創新不僅讓個人生活更有效率，也讓企業營運更具彈性。例如自助點餐系統讓餐廳能在缺工狀況下維持服務水準，而雲端進銷存系統讓中小企業能即時調整供貨、降低庫存壓力。

第一章　什麼是經濟學？我們每天都在做的決定

效率不只是個人層次的節省，更是整體社會運作的加速器。經濟學關心的，不只是產出「多少」，更是用「最少的投入」達成「最多的滿足」。

效率與公平的拉鋸：不是所有效率都值得追求

雖然效率是經濟學追求的目標，但若過度強調效率，可能犧牲掉公平與人性。例如企業為了提升效率裁員、縮編、延長工時，可能導致勞工壓力爆表，甚至影響社會穩定。

政府若為了提高預算效率而刪減偏鄉醫療補助，雖在帳面上更節省，但實際卻造成醫療資源排擠、弱勢民眾受害。這提醒我們，經濟學強調效率的同時，必須搭配制度設計來維持公平，才能創造真正永續的社會。

效率不是盲目加速，而是智慧安排

生活中所有的選擇都關乎效率。當你早上提早出門避開塞車、當你用行動支付節省排隊時間、當你選擇適合自己的購物方式，其實你都在進行一場場關於效率的微型決策。

經濟學教我們，不只是要跑得快，更要跑在正確的軌道上。真正的效率，是根據自身條件做出最適配置，是在不違背價值的前提下，提升生活品質與系統表現。

第五節　經濟學不只是關於錢

許多人提到經濟學,第一反應往往是「跟錢有關吧?」這樣的印象並不完全錯,因為經濟活動的表現形式經常涉及金錢交易。但事實上,經濟學的核心並不在於「錢」,而是「選擇」。經濟學關心的是人在資源有限的情況下,如何做出選擇,並承擔其結果——這個原理可以應用在家庭關係、環境保護、時間安排,甚至感情經營。

情感也是一種資源:親子時間的經濟學

現代雙薪家庭普遍存在「時間不夠用」的壓力。下班回家,孩子希望你陪他玩,但你還有一堆工作沒完成。這時的選擇不是用錢可以解決的,而是如何分配你的精力與情感。在這種情境下,時間與情緒投入就是你的稀缺資源。

學習經濟學讓你意識到:與其想辦法「擠出時間」,不如思考怎麼「分配價值」。比如你可能無法每天陪孩子兩小時,但可以設計每週一次的專屬親子時光,品質勝過數量。這是機會成本與價值選擇在非金錢情境下的最佳展現。

第一章　什麼是經濟學？我們每天都在做的決定

環境選擇與永續生活：從塑膠袋到節能減碳

當你在便利商店選擇是否多付 2 元購買塑膠袋，表面看是錢的選擇，實則是資源使用偏好的選擇。政府推行限塑政策，正是希望藉由「微型經濟誘因」改變大眾行為，進而達成公共目標。

臺灣全面實施限塑規範，許多民眾開始攜帶購物袋、自備杯具。這些行為的背後，其實是經濟學中「外部性」與「誘因設計」的概念——當你的行為會影響他人（例如增加垃圾量、汙染環境），政府透過制度設計，引導你做出有利整體社會的選擇。

同樣的概念也可以看到節電、綠建築、電動車補貼政策，這些都不是單純的金錢議題，而是價值排序的問題。經濟學提供我們思考：在有限資源下，我們願意為什麼犧牲？為什麼選擇？

公共空間的使用與社會選擇

以公園設施為例，地方政府若只能選擇鋪設步道或興建籃球場，該怎麼抉擇？這是經濟學上的資源分配問題，但同時也是社會選擇問題。不同年齡、族群、使用習慣的市民，對公共空間有不同期待。

當公部門必須在不同需求間做取捨時，就會啟動「社會選擇理論」，包括問卷調查、公共討論會或參與式預算等方式。這些

第五節　經濟學不只是關於錢

討論與決策,其實都具備濃厚的經濟學思維:用有限資源換取最大社會福祉。

人際關係與感情投資:一樣講究成本與效益

一段穩定的伴侶關係是否值得經營?該不該繼續與某位朋友保持聯絡?這些聽起來很情感面的問題,背後其實也潛藏著「投入與回報」的思考框架。

經濟學並不冷酷,它只是幫助我們衡量:一段關係若總是讓你疲憊、委屈,可能就是你的「情感資本」出現了損耗;反之,一段能帶來支持與成長的關係,則可能是你生活中最有價值的「非金錢資產」。

這種思維甚至可以用在時間分配 —— 當你選擇花一整晚聽朋友傾訴煩惱,你是在「投資」你們的關係;而當你開始拒絕無效社交,改而把時間留給自己,這也是一種「資源再分配」。

文化活動與藝術選擇:價值與價格的落差

很多人認為音樂會、博物館門票太貴,但事實上,這些文化資源往往背後有高額補助,票價僅反映部分成本。經濟學讓我們理解:「價格」不等於「價值」。

比如故宮南院門票成人票價 150 元,但實際維護與營運成本可能高出數倍。政府為了讓更多人接觸藝術文化,選擇補貼

價格,這是一種「社會選擇性的價值支持」。

而你是否願意付費觀賞一場展覽,不只是財務支出,而是你對文化的價值排序。經濟學並不否定美感與藝術的意義,而是幫助我們更有意識地做出文化選擇。

> 經濟學關心的,是我們如何活出價值

經濟學從不只是賺錢的學問。它是幫助我們理解,在人生的每個選擇裡,無論是否牽涉金錢,都有機會成本,都有代價,都有可以理性思考的空間。

當你選擇如何與家人相處、是否參與環保行動、怎麼安排自己的週末、如何看待文化消費,其實你都在運用經濟學的思維方式──只是不自覺罷了。經濟學讓我們學會不浪費時間、不錯置情感、不忽視公共價值,而是用心活出每個選擇背後的意義與價值。

第六節　政府、企業與個人：
　　　　三種行為人的經濟選擇

在經濟學的世界中,所有與選擇與資源分配有關的活動,幾乎都可歸納為三種主要行為人:政府、企業與個人。這三者各自扮演不同角色,卻又互相影響,交織成我們日常生活中無

第六節　政府、企業與個人：三種行為人的經濟選擇

所不在的經濟運作網絡。

理解這三種行為人如何做決策，便能幫助我們掌握社會如何運作、資源如何被分配、政策如何制定，也幫助我們個人做出更理性的判斷。

個人：在有限中尋找滿足

每個人每天的生活就是不斷做選擇的過程。從早餐吃什麼、通勤搭什麼交通工具、要不要儲蓄、要不要學習新技能，甚至要不要生孩子、搬家、出國等人生大事，都在消耗時間、金錢與情緒這些有限資源。

臺灣家庭平均月所得根據主計總處 2024 年最新統計，雙薪家庭約為新臺幣 10.5 萬元，但光是房貸、教育支出、食衣住行就可能占據大半。在這樣的限制下，個人如何做出選擇、如何設定優先順序、如何兼顧享樂與儲蓄，就是經濟行為的展現。

例如一位臺中上班族可能選擇騎共享電動機車上下班，一方面省油錢與停車費，另一方面也兼顧環保。這個選擇不是單純出於價格，而是將時間、便利性、健康與財務做綜合考量後的結果。

第一章　什麼是經濟學？我們每天都在做的決定

企業：追求利潤但也面對限制

企業的角色是生產與提供商品與服務，它們的目標通常是追求最大化利潤。然而企業做決策也面臨多重限制：原物料成本、人力資源、市場需求、法律規範、甚至社會觀感。

以 2023 年臺灣便利商店的咖啡戰為例，7-Eleven 與全家不斷推優惠、推出新品種咖啡、延長營業時間，這些策略背後就是企業在競爭中尋找差異化以吸引顧客。而定價策略、促銷方式與廣告投放，也都是根據市場調查與成本結構設計出來的經濟選擇。

另一個例子是臺灣中小企業在面對缺工問題時，紛紛改採自動化設備、引進移工或調整產品線，這些看似技術或管理問題，背後其實是經濟學裡「生產要素重新配置」的具體表現。

政府：資源分配者與制度設計者

政府的角色，是提供公共財、制定規範、矯正市場失靈與重新分配資源。當市場無法公平或有效率地提供某些資源時，政府便會介入。

例如：臺灣的健保制度讓全民以相對低廉的保費獲得基本醫療保障，這是政府對醫療市場中「資訊不對稱」與「風險無法自行承擔」的回應。再如高教補助政策，則是希望透過教育提升人力資本品質，進而增加國家競爭力。

第六節　政府、企業與個人：三種行為人的經濟選擇

政府也會為了環境永續與社會公平制定政策，例如：碳費、限塑、住宅補貼、育兒津貼，這些不是單純的支出，而是經濟學中「外部性內部化」與「社會選擇理論」的具體應用。

三者互動：一杯珍奶的背後

想像你買了一杯手搖飲，這個簡單的行為就包含三種行為人的交織。

- 你作為個人，選擇價格、品牌、糖度與取餐方式（外送或自取）。
- 飲料店作為企業，要設計口味、制定價格、進貨、雇人、營運。
- 政府規定不得使用塑膠吸管，並抽稅或補貼特定原料，影響企業成本與定價。

這杯飲料之所以能順利進入你手中，是因為三種行為人的選擇互相作用、互相妥協與協調。你能以合理價格享受一杯飲料，靠的是企業有效管理與政府政策框架的保障。

疫情下的經濟選擇典範

2020 年疫情期間，臺灣的防疫表現受到國際關注。政府實施口罩實名制、紓困補助、疫苗採購，企業推出防疫商品、轉型電商，民眾改變消費與旅遊行為，這些都是三種行為人在面

第一章　什麼是經濟學？我們每天都在做的決定

對突發資源再分配壓力下的即時反應。

這場危機說明了：經濟學不是理論上的市場模型，而是面對變局時，如何在有限下做選擇、承擔代價與尋找最妥善的分配方式。

掌握三種角色，讀懂世界運作

政府、企業與個人並不是彼此獨立的三座孤島，而是同一張資源網上的三個節點。當你理解這三種行為人如何做選擇，你將更能掌握社會運作的邏輯，也更能判斷哪些政策有利於你、哪些企業行為值得支持。

經濟學的價值在於培養你看待世界的思考架構，不僅理解錢如何流動，更看懂背後的選擇機制。理解行為人，就是理解這個世界。

第七節　一杯咖啡也能看懂世界經濟

每天早上，當你站在臺北捷運出口的星巴克、路易莎或超商咖啡櫃前面臨選擇，這不只是一天的開始，也是一次關於全球經濟網絡的體驗。從一顆咖啡豆的種植、運輸、加工、烘焙到你手中的熱拿鐵，背後牽涉到數十個國家的產業鏈、數百個

人的勞動投入與數千筆交易。這一杯咖啡，是經濟全球化與價值創造的縮影。

咖啡的旅程：全球分工與貿易的展現

你手中的那杯中杯拿鐵，所用的阿拉比卡咖啡豆可能來自衣索比亞、哥倫比亞或宏都拉斯，運輸過程經由越南港口集運，再透過國際航運來到臺灣，由本地烘焙廠加工，最後經由超商或連鎖咖啡店端上櫃檯。

這樣的過程正是全球分工（global division of labor）的展現：種植者專注於農業生產、加工廠專注於品質控管與包裝、物流業者整合供應鏈、零售端負責品牌行銷與顧客體驗。經濟學在這裡教我們理解：全球每個環節都專注自身最具比較優勢的項目，透過貿易創造出比單一國家自產更高效益的產品與服務。

匯率與原物料價格：一杯咖啡的價格波動

咖啡價格為何有時悄悄上漲？除了人力成本、租金與品牌溢價之外，還與國際原物料價格與匯率波動息息相關。例如2022年至2024年間，因氣候異常導致南美洲咖啡產區歉收，國際咖啡豆期貨價格一度暴漲，臺灣進口成本隨之提高。

此外，若新臺幣兌美元走貶，進口以美元計價的咖啡豆成本也會提高，轉嫁到消費者身上的就是每杯多出的5元至10元。

這正是經濟學中的「進口型通膨」與「成本轉嫁」機制的真實反映。

行銷與消費心理：價格以外的選擇因素

但你是否發現，即便有超商特價 35 元咖啡，仍有許多人願意花 90 元買一杯精品手沖？這不只是價格問題，而是品牌形象、氛圍、服務與個人認同的綜合選擇。

這背後牽涉的是「效用」（utility）概念——經濟學關心的不是商品本身，而是消費者從中獲得的滿足感。人們會根據不同偏好、場景與目的做選擇，而企業則針對這些細膩的偏好設計出多樣化產品，以實現市場區隔與利潤最大化。

例如某些上班族會在例會前特別選擇星巴克，因為品牌形象可帶來專業感與社交自信；學生族群則偏好價格實惠、打卡美觀的文青系咖啡廳；加班族則可能選擇全家 Let's Café 作為提神快速的替代品。這些都說明：一杯咖啡的選擇，其實是一場複雜的經濟行為。

本地就業與商圈繁榮：咖啡店的乘數效果

除了個人選擇與全球連結，一間咖啡店對地方經濟也具有「乘數效果」（multiplier effect）。當一間連鎖或獨立咖啡店開在住宅區或校園附近，不僅創造直接就業機會（店員、吧檯手、清潔

人員),也帶動周邊商業如早午餐店、書店、文創商店的進駐。

根據臺灣中小企業處與商業登記資料,2024 年全臺登記的實體咖啡館已超過 4,500 間,其中七成以上為小型創業或個人經營。同時,便利商店咖啡市場規模也快速擴大,7-Eleven 的 CITY CAFE 與全家的 Let's Café 單年合計銷售超過 4 億杯,占整體咖啡消費市場的半數以上,顯示超商咖啡對就業創造與消費習慣影響日益加深。這類微型經濟單位與連鎖零售通路共同構成臺灣咖啡產業的重要支撐力,也成為地方社群互動與生活品質提升的核心節點。

ESG 與永續選擇:消費也能改變供應鏈

當你在櫃檯上看到「公平貿易認證」、「碳足跡減量」、「使用在地食材」等標示時,這代表消費者開始重視「永續」這個價值,而企業為了回應這些期待,開始調整供應鏈、選擇原料來源與包裝方式。

這是經濟學中「偏好轉變與市場反應」的具體例證。當越來越多消費者願意為 ESG(環境、社會、治理)價值多付出一些價格,企業就有誘因投入綠色轉型。你喝下的不只是一杯咖啡,也是一種價值選擇。

第一章　什麼是經濟學？我們每天都在做的決定

從手中咖啡，看見世界網絡

一杯咖啡不只是提神醒腦的日常，它背後牽動的是全球農業、能源、市場、政策與文化的相互交織。當你願意細看那杯咖啡的「來源」、「價格」、「選擇」、「設計」與「影響」，你其實已經在運用經濟學的思維。

經濟學並不只是圖表與模型，它是一種理解世界的透鏡，而一杯咖啡，正是最貼近我們生活、也最能說明這個世界運作邏輯的教材。

第二章

價格怎麼來的？走進市場的世界

第二章　價格怎麼來的？走進市場的世界

第一節　超市為什麼打折？價格的秘密

每逢週末或節日前夕，大賣場與超市常見「買一送一」、「限時特價」、「第二件五折」等促銷活動。你是否曾經在全聯或家樂福買了一堆不在購物清單上的商品，只因為看到紅色標籤感到「太划算」？看似單純的打折，其實是市場運作與定價策略背後精密設計的結果。

在經濟學的語言中，「價格」不只是數字，而是訊號。它傳遞了產品的稀缺程度、顧客的偏好、競爭強度，甚至是商家的壓力。了解超市為何打折，就等於理解了整個市場的調節邏輯。

打折不是虧錢，而是計算過的行銷策略

以臺灣全聯福利中心為例，其廣為人知的「週三家庭日」、「會員點數加倍回饋」，看似讓利，實則透過集中來客、帶動其他商品的銷售，達到總體營收成長。這種定價策略稱為「損失領導品」（loss leader pricing），即用某些熱門商品賠錢吸客，藉此帶動周邊高利潤商品的販售。

例如 2024 年初，全聯推出生鮮肉品買一送一活動，雖單品獲利下降，但當日客單價卻提升 27%，整體業績反而成長。這就是價格與利潤之間，透過顧客行為所形成的「互補效應」。

第一節　超市為什麼打折？價格的秘密

價格會動態調整，因為顧客行為在變

現代零售業者大量依賴大數據與會員系統進行價格調控。透過會員購物紀錄，超市能預測熱門時段、主力商品、促銷反應，進而調整價格與庫存。這種「動態定價」系統，讓價格不再固定，而是隨時間、地點、需求與天氣變化。

以 7-Eleven 為例，其熱銷便當商品在中午高峰時段維持原價，但在下午兩點後常會自動轉為優惠促銷，藉此清庫存並維持營收。這些價格背後，都有數據支撐。

價格策略也反映「心理學」

經濟學與心理學在價格決策上密不可分。研究指出，消費者對價格不敏感的區段存在「心理閾值」，例如 99 元與 100 元雖僅一元之差，但轉為三位數即影響心理接受度。

另外，「限時」與「限量」促銷，也刺激消費者的損失厭惡（loss aversion），讓人產生「不買就虧到」的壓力。這類策略在超市常見，例如「週末限定特惠」或「前三百名登記享特價」，皆屬此類設計。

競爭壓力與供應鏈彈性是價格調整背後的推手

當競爭者如大潤發或好市多推出特價，其他超市便須即時反應。這不僅是價格競爭，也是顧客忠誠度的競逐。

第二章　價格怎麼來的？走進市場的世界

例如每年母親節檔期，臺灣三大連鎖超市幾乎同時推出保健品與日用品促銷，彼此在 LINE 社群、App 推播、實體海報上持續交鋒。消費者看到的折扣背後，是企業供應鏈談判、備貨能力與品牌議價力的全面競爭。

供過於求或滯銷，也會導致「被迫打折」

不是所有打折都來自策略，有時是供應錯誤或預測失準所致。例如進口水果、當令海鮮、年節禮盒若銷售不如預期，就會出現價格崩盤式的下殺。這時商家是為了減少虧損與庫存壓力，而非主動促銷。

這類情況常出現在過節後，例如每年農曆春節後，大量滯銷的年菜禮盒與冷凍水餃在市場上出現 3 折至 5 折的銷售，反映的是「邊際價值下降」與「市場調整」的自然結果。

顧客看的是價格，經濟學看的是訊號

最終，價格不僅僅是讓你決定買或不買的標籤，而是反映整個供應鏈、需求趨勢、企業決策與顧客行為的綜合結果。當你看到打折，或許只想搶便宜；但當你用經濟學眼光看，就會開始思考：這個價格反映了什麼？誰做了什麼選擇？未來會有什麼變化？

> 價格是市場給你的訊號,不只是數字

　　超市的每一次促銷都是一場無聲的市場實驗。它測試顧客的行為、競爭對手的反應,也讓我們看到:價格背後是需求與供給的角力,是策略與資源分配的實作。

　　學會從價格背後看見邏輯,便能在琳瑯滿目的促銷中做出更有價值的選擇,這正是經濟學讓你在生活中更加有感的力量。

第二節　供需法則與你買房子的關係

　　你可能聽過:「臺北的房價永遠不會跌。」但這真的是天經地義的規律嗎?其實,房價與供需法則有著密不可分的關係。經濟學中的供需法則(law of supply and demand)說得很簡單:價格會在供給與需求的互動中調整到一個均衡點。但套用到買房這件人生大事上,它變得既真實又複雜。

> 什麼是供需法則?先從賣地瓜談起

　　假設你在夜市賣烤地瓜,一開始每斤 50 元,每天能賣出 20 斤。某天氣溫驟降,地瓜需求暴增,你發現顧客願意花 60 元搶購,甚至排隊也要買。你於是提高價格,並多準備幾籃地瓜。這時,你的「供給」因為價格上漲而增加,而「需求」可能隨價格上

第二章　價格怎麼來的？走進市場的世界

升而逐漸減少，直到不再排隊為止。

這種動態的價格調整，就是市場的「看不見的手」在發揮作用。

將地瓜換成房子：為什麼房價不會快速下跌？

房子當然不是地瓜，但背後邏輯一樣。需求變高、供給跟不上，價格就會上漲。以臺北市為例，雖然實價登錄揭露資訊已提升市場透明，但部分區域平均房價仍維持在每坪九十萬元以上。這是因為：

- 都市建地有限（供給難以增加）
- 民眾預期房價會漲（需求不會退）
- 利率長期偏低（購屋負擔相對穩定）
- 租金報酬雖低，但仍被視為保值工具

這些因素讓「房子」不只是居住工具，也成為金融商品，導致其價格受多重需求拉抬，但供給端卻難以即時增加，進而推升總體價格。

預售屋與投資客：需求假象的形成

有趣的是，市場上的「需求」未必都來自真實居住需求。許多投資客會集中搶購預售屋，導致建商在短時間內賣光大批房

第二節　供需法則與你買房子的關係

源，看似「供不應求」，但其實這是一種投機操作。

2022 年之後，政府針對紅單炒作加強管制、祭出實價登錄第二波改革，使市場投機行為稍微收斂。然而，預售市場的波動仍可能影響整體房價預期，進而干擾正常供需結構。

政府政策與「人為干預」的供需變形

經濟學理論中的自由市場，在房市這種政策敏感性高的領域常常無法自然運作。舉例來說，政府推出的青年安心成家貸款、限購區域規劃、租屋補助等措施，會改變需求面與資金流向。

2023 年至 2024 年間，政府強化「新青年安心成家貸款」，提供最高 1,000 萬元、最長 40 年、前 5 年前段利率補貼的優惠條件，造成市場出現大量剛性需求與投資型假性需求同時湧入。許多首購族在利率補貼誘因下，搶進預售市場，導致價格不跌反升，甚至帶動中南部重劃區房價飆漲。

另一方面，銀行為爭取「新青安」貸款業務，出現超額核貸、估價膨脹等現象，引發金管會與中央銀行注意。2024 年中，央行不得不對八大行庫實施房貸成數管制與差別準備金措施，試圖壓抑過度放貸與資金流向房市的泡沫化趨勢。

同時，內政部推動社會住宅倍增計畫，並在新北、桃園等地廣設社宅，不但提供了更多中低收入族群的居住選項，也在某些區域拉低了租金壓力，間接抑制房價過快上漲。

第二章 價格怎麼來的？走進市場的世界

但另一方面，限建政策與都市計畫調整，也可能讓供給遲滯，使得即便買氣回穩，供給卻追不上，價格反彈壓力也隨之而來。這說明了：政策不僅是市場的參與者，還可能成為市場供需的「隱性塑形者」。

疫情與戰爭如何重塑需求？

疫情與烏俄戰爭爆發後，全球建材成本大漲，許多建案延遲開工或拉高售價。這是供應鏈中斷造成的「供給衝擊」。同時，宅經濟興起使民眾更重視居住空間，也導致對新成屋的需求明顯增加。

從這個例子我們可以看到，供需關係不僅受到本地市場影響，也受全球經濟、地緣政治、原物料價格等因素牽動。你以為是區段房價上漲，其實背後牽涉的是全球的木材、鋼筋與油價漲幅。

供給難以調整，是房市與一般商品最大的不同

與生鮮商品不同，房屋從規劃、開發、動工到完工動輒需時數年。這使得當需求快速上升時，供給無法即時反應。臺灣建案從取得土地到取得建照，平均耗時約 2～4 年，更遑論後續施工與銷售期程。

這種「僵固性供給」造成了價格的黏性，也讓房價一旦上

升,就不容易回跌,這也解釋了為什麼多數人覺得「房價只漲不跌」。實際上,這是供給端的調整遲緩與需求端持續強勁疊加的結果。

> 房市價格,是供需角力下的結果,不是神話

房價的高低,從來不是單一因素決定,而是無數買賣雙方在制度、預期、心理與資金之間角力的結果。經濟學讓我們用「供需」這把尺,看清市場中價格如何形成、如何變動、如何受干擾。

當你下一次看見新聞報導說「某區預售屋完銷」、「某區房價漲20%」,不妨問自己:這是供不應求?還是需求被人為推高?有沒有政策、心理或外部因素正在影響這個市場?這些問題,正是經濟學讓你比別人多想一步的開始。

第三節　為什麼蛋糕店漲價反而賣更好?

有一家人氣蛋糕店,某天悄悄將一片原本120元的招牌巴斯克乳酪蛋糕漲到150元,令人意外的是,排隊人潮反而更多了。原本的熟客繼續捧場,許多網紅、觀光客也慕名而來。看似違反直覺的現象,其實背後隱藏著價格與消費心理之間的微妙互動。

在經濟學裡，我們稱這種現象為「價格品質聯想」（price-quality signaling）與「需求非線性反應」——價格不只是反映成本與供需的數字，它也是一種訊號，暗示產品的品質、稀缺性、甚至是社會地位。

價格高代表品質好？心理定價的祕密

在高單價商品市場中，價格常常成為「品質」的替代訊號。消費者可能並無法立即評估一塊蛋糕是否使用頂級原料，但價格可以幫助他們在眾多選擇中快速判斷哪個值得信賴。

例如：高價位常被聯想到「用料講究」、「服務細緻」、「場域高級感」，這也是為什麼精品咖啡店、法式甜點或高檔壽司店即便價格高昂，仍有穩定客群。

研究指出，當消費者無法明確評估產品品質時，更容易將價格視為參考依據，尤其在「享樂型商品」上——像甜點、香水、設計服飾等。

限量、排隊與社群曝光：從價格到話題的連鎖反應

當價格提升的同時，若搭配限量或排隊現象，往往能製造一種「高需求、稀缺」的印象，這也會進一步刺激更多消費者購買意願，形成「社會證據效應」。

第三節　為什麼蛋糕店漲價反而賣更好？

社群媒體更放大這個效果：當網紅打卡推薦「某蛋糕漲價仍一位難求」，潛在消費者不僅不會卻步，還會產生「錯過就沒機會」的心態，進一步加強購買動機。

這在行為經濟學中屬於誘因設計中「選擇架構」（choice architecture）的一環：透過設計訊號與情境，影響人們的選擇判斷。

真的是漲價賺更多嗎？成本與利潤的再平衡

從經營角度來看，漲價是否真的比較賺，也得視情況而定。若漲價導致部分顧客流失，需評估平均客單價與總銷售額是否仍能提升。

以 2024 年臺灣烘焙業為例，因雞蛋、鮮奶、奶油等成本上漲，許多中小型甜點店被迫調整價格。但部分業者選擇同步升級包裝與行銷，成功將價格轉換為品牌價值提升的機會。

換言之，漲價不只是反映成本，更是重新定位品牌與顧客關係的策略工具。

什麼時候漲價會「賣更差」？

當然，並非所有漲價都能提升銷售。對於高替代性、低差異化的產品來說（如礦泉水、便當、速食漢堡），價格仍是主要考量。

若消費者能輕易找到替代品，且產品本身缺乏稀缺性與差

第二章 價格怎麼來的？走進市場的世界

異化，那麼漲價可能造成顧客流失，反而損及品牌聲譽與長期利潤。

這說明了：價格策略需要根據產品屬性、顧客心態與市場結構做出調整，沒有一體適用的標準答案。

案例比較：蛋糕定價策略差異

一家家庭烘焙店選擇不漲價，而是加碼用料並推出試吃活動，讓熟客帶新客；反觀另一家主打「精品甜點」的業者則反向操作，漲價同時減少日產量，創造限量形象。

兩者的經濟策略不同，但皆是根據自身市場定位與目標客群做出的選擇。經濟學讓我們明白：價格不是機械的計算，而是綜合了訊號傳遞、消費心理與價值塑造的決策過程。

價格是語言，讀懂它才能精準判斷

一塊蛋糕漲價，表面看是通膨或原物料波動的結果，但深入觀察後會發現，它更像是一種「訊號」：顧客對價值的認定、品牌對市場的回應、社會對品味的想像。

經濟學提供我們理解這些訊號的工具。當你下次看到產品漲價，不妨思考：這只是調帳？還是一種精準行銷？答案，藏在價格的語言裡。

第四節　均衡價格怎麼幫我們分配資源

你是否曾注意過,便利商店的一瓶瓶裝水幾乎都落在 20 ～ 30 元之間?餐廳的便當價格大多在 100 ～ 140 元之間?而這些價格,既不高到讓人卻步,也不低到業者會虧本,正是市場運作下形成的「均衡價格」(equilibrium price)。

經濟學告訴我們,當市場供給與需求交會時,會自然形成一個讓「想買的人願意付」且「想賣的人願賣」的價格,這個點就是均衡價格。它的存在不只是經濟模型裡的圖形焦點,更是現實生活中資源有效配置的關鍵。

什麼是均衡價格?從雞蛋說起

以 2023 年初臺灣雞蛋荒為例,因為禽流感疫情與飼料成本上漲,雞蛋供應大幅減少。原本一盒 10 顆裝雞蛋大約 45 元,但很快漲到 65 元以上,甚至還常常買不到。

當時農委會與業者討論進口雞蛋來穩定供應,同時酌調價格補貼,讓雞農有意願增產,也讓消費者不致過度負擔。隨著供給慢慢恢復,價格也逐漸下修,回到較接近市場均衡的價格區間。

這個過程正展現了價格調節機制如何促使資源(蛋)流向最需要的地方。

市場如何靠價格「說服」人們改變行為

均衡價格不只是靜態的,它會隨著市場條件變動而調整。例如颱風季節來臨,葉菜類短期減產,價格隨即上漲。此時,部分消費者選擇少買或改吃冷凍蔬菜,而農民則因為價格誘因增加,願意在下季提高種植量。

這種透過價格機制改變消費與生產行為的調整過程,就是市場資源分配的核心機制。

當價格無法自由變動,資源就會錯置

不過,當價格受到政策或外力干預,導致無法反映真實供需時,就可能出現資源錯置。例如:2021年疫情期間臺灣實施口罩價格上限,一片不得高於5元,政府同步採取實名制分配。

若沒有配套措施,這種價格凍結可能會導致黑市、囤貨,甚至讓廠商不願生產。所幸臺灣當時同步進行產能擴張與公平配售,成功避免了價格扭曲帶來的副作用。

這類案例顯示,價格不是政府能任意控制的數字,而是反映資源稀缺與社會偏好的重要訊號。

房租市場:價格與租客間的微妙拉鋸

臺灣租屋市場就是另一個均衡價格應用的現場。以臺北市為例,小套房平均租金介於每月14,000～18,000元。當租金偏

第四節　均衡價格怎麼幫我們分配資源

低,出租方可能選擇空置等待較好租客;當租金過高,則可能難以招租。

雙方會在一次次議價與市場觀察中,慢慢趨近一個雙方都可接受的點。這樣的過程雖不完美,但大致能讓可居住空間有效分配給最願意也最能負擔的人。

不過,也有例外。若房東為了規避租金所得稅選擇不上報租約,或若政府限價過嚴,都可能打亂市場訊號,使租屋市場資訊不透明,反而讓價格無法反映真實供需。

均衡價格的形成,需要資訊對稱與競爭環境

市場要能自然形成均衡價格,有幾個前提:第一,資訊要對稱,也就是買賣雙方都知道行情與品質;第二,要有足夠競爭,避免壟斷或聯合哄抬;第三,制度要支持價格自由浮動,讓資源得以自主流動。

當這些條件具備,價格才會成為資源流動的羅盤,指引產能往有需求的地方集中,也幫助消費者在多元選擇中做出最符合自身偏好的決策。

價格不是數字,是資源分配的語言

當你每次在全聯、超商、夜市、網購平臺上看到價格,不只是標示價值,更是在告訴你這個商品的背後有多少人想要、

有多少人能供應、市場正怎麼運作。

學會從價格中讀出訊息,不只讓你做出更聰明的消費決策,更能理解這個世界資源如何分配——這就是經濟學讓生活變得有感的地方。

第五節　市場怎麼回應天災與戰爭？

2024 年 4 月初,臺灣東部發生規模 7.1 的強震,重創花蓮及周邊地區,導致多條交通中斷,農產品供應受限。在災後短期內,部分蔬菜價格出現明顯波動。這不僅是自然災害的直接後果,也反映了市場機制對供需變化的快速反應。

又如 2022 年俄烏戰爭爆發後,全球小麥、玉米與天然氣價格大幅波動,臺灣作為進口導向經濟體,也受到牽動,出現麵粉、飼料、瓦斯價格調升,波及全體消費者生活。這些事件讓我們意識到,市場價格不只是經濟變數,更是全球風險傳導的反映器。

天災發生後,價格是調節而非剝削

在天災初期,某些商品價格快速上升,例如瓶裝水、罐頭、發電機、行動電源等。這時常引發「發災難財」的批評聲浪。然而從經濟學角度來看,價格上漲其實是一種市場訊號。

第五節　市場怎麼回應天災與戰爭？

價格上升會促使以下三種資源再分配：

◆ 消費者降低非必要購買，讓真正需要的人優先獲得
◆ 商家更有誘因迅速補貨與配送
◆ 其他地區廠商願意進場支援，因為可獲得更高報酬

當然，若漲幅過度或廠商聯合壟斷，就屬市場失靈，需要政府介入。但我們不能簡化所有「價格上升」都是「剝削」，那只是市場在混亂下努力達成資源再配置的一種機制。

政府干預：物價凍漲與戰備存量的經濟意涵

在特殊情況下，政府會介入限制價格，例如災後凍漲油價、麵粉或民生物資，以防引發社會恐慌。這時，政府角色不只是管理者，更是「臨時供應者」。

舉例來說，農業部在颱風來襲前夕會提前釋出冷藏蔬菜與進口水果，以抑制短期供應波動對價格的衝擊。經濟部則會調配戰備儲糧，避免糧食價格劇烈波動。

這些干預措施的成功前提是：政府具備有效的庫存、物流與預測機制，否則凍漲只是短暫壓抑，後續仍會出現補漲與搶購潮。

第二章　價格怎麼來的？走進市場的世界

戰爭如何影響國際價格鏈？

以俄烏戰爭為例，烏克蘭與俄羅斯合計占全球小麥出口量約三成，戰爭爆發導致黑海運輸受阻，連帶影響中東、北非與亞洲進口國家糧價。

臺灣雖非直接進口大宗糧食，但原料上漲導致飼料成本增加，使得畜牧業、麵包業、餐飲業成本同步上升。這就是所謂「輸入性通膨」（imported inflation）。

此外，能源市場也極度敏感。俄羅斯是天然氣出口大國，歐洲國家面臨供應危機，紛紛轉向亞洲採購液化天然氣，推高整體能源價格。臺灣家庭瓦斯費、企業電價因此調升。

這些變化再次說明：市場價格是全球供需連動的結果，不是一地可以完全掌控的內部現象。

市場的韌性：從混亂到調整

儘管天災與戰爭帶來短期衝擊，市場通常具備調整能力。例如：

- ◈ 農民調整種植作物，轉向較能耐災的品種
- ◈ 企業更換進口來源、增加庫存彈性
- ◈ 平臺業者整合運輸資訊、精準預測熱賣品項

這些反應雖非一蹴可幾，但正是市場機制在「新常態」下的

第五節　市場怎麼回應天災與戰爭？

自我修正過程。經濟學在此提醒我們：面對衝擊，價格是第一個發出警訊的感測器，也是資源重新配置的起點。

災後重建：價格如何引導人力與資源流動

在重大災害後，重建需求會迅速增加。鋼筋、水泥、工程機具、建築工人等資源需求上升，價格自然調整。

這一方面提高施工成本，但也吸引更多資源投入災區，讓重建進度加快。價格就像方向指標，告訴市場哪些區域、哪些產業目前最需要支援。

臺灣921地震、花蓮地震以及南部水災後的營建需求上升，皆出現類似現象。若政府提供合理補助，並搭配保險理賠，市場便能快速回復秩序。

市場不是完美的，但它會回應現實

天災與戰爭是不可預測的外部衝擊，但市場系統並非無能為力。透過價格的訊號、資源的調整與政策的輔助，社會能逐漸恢復運作。

經濟學並非為市場辯護，而是幫助我們理解：當混亂發生時，哪些訊號能幫助我們做出正確反應，哪些制度設計能協助我們在不穩中尋找穩定。這是市場經濟體系的真實韌性所在。

第六節　從油價談談彈性思維

在 2022 年至 2024 年間，國際原油價格歷經劇烈波動：從俄烏戰爭爆發時突破每桶 120 美元，到 2023 年中期回落至 70～80 美元，再因中東局勢緊張與減產協議，又再度彈升至 90 美元以上。這些價格變化，迅速反映在臺灣消費者每日加油的費用、航空公司票價、以及進口產品成本上。

但更值得注意的是，面對油價波動，不同市場與產業的反應程度並不一樣。經濟學中稱此為「價格彈性」(price elasticity)，意思是某項商品的價格變動，對其需求或供給產生的反應幅度。

什麼是價格彈性？從加油與搭捷運談起

想像一下，汽油價格從每公升 30 元漲到 35 元，你會因此減少開車嗎？對住在臺北、有捷運可選擇的上班族而言，可能轉而搭乘大眾運輸。但對住在鄉鎮、每天必須通勤開車的勞工或送貨員而言，就算油價再漲，也無法不加油。

這就是價格彈性的差異：有替代方案的消費者，對價格上漲反應大；沒有替代選項者，反應小，需求較為「缺乏彈性」。

第六節　從油價談談彈性思維

價格彈性與政策設計的關係

政府在設計能源稅、燃油補貼或推動電動車政策時,必須考量不同族群對油價的彈性差異。若全面調高油稅,可能造成中南部開車族與物流業者沉重負擔;但若僅針對高收入族群或都市區調整,又可能引發效率與公平的爭論。

因此,2024 年臺灣政府透過多項補助措施,一方面針對低收入戶提供特定油價與電費補助,另一方面也推動老舊機車汰舊換新與購買電動機車的獎勵方案。這些分項政策反映了政策制定者對族群差異與彈性分析的重視,正是彈性理論在公共政策中的實務應用。

廠商也有彈性：成本轉嫁與生產調整

油價上升不只影響消費者,也影響企業。航空公司、貨運公司、製造業等高度依賴石化燃料的產業,當油價大漲時,會出現兩種策略：

◈ 成本轉嫁：調漲票價、運費,讓消費者負擔。
◈ 生產調整：優化路線、更新機具、改採節能方案。

航空公司如華航與長榮採用「浮動油價附加費」,消費者機票會隨油價自動調整,這是一種將彈性內建於價格機制的做法,讓市場自我適應。

第二章　價格怎麼來的？走進市場的世界

彈性也反映在替代性選擇

在油價高漲時，民眾會出現更多替代性行為，例如：

- 購買油電混合車或電動車（如 Gogoro、特斯拉）
- 增加騎乘腳踏車或步行通勤
- 選擇居住地靠近工作地點

這些反應都是「長期價格彈性」的展現。短期內可能難以改變行為，但時間一久，當替代品成熟，消費者會自然調整選擇，市場也隨之調整供應結構。

2023 年，臺灣電動機車掛牌數達 79,584 輛，整體銷量維持穩定。其成長動能不僅來自油價波動，更關鍵在於政策補助、基礎設施如換電站布局的日益完善，以及消費者對電動機車接受度的提升。這正展現了在高油價環境下，消費行為逐步出現的長期彈性調整現象。

彈性不只關於價格，也關於時間與資源分配

彈性概念亦可延伸到時間安排與生活型態上。當交通壅塞與油價同步上升，企業可能調整上班時間、推動遠距工作，民眾也會開始思考是否改變工作地點或通勤模式。

彈性不只是價格的反應度，而是人們在有限資源下做出合

理調整的能力。能否提供彈性空間,關係到一個經濟體對衝擊的韌性。

理解彈性,就是掌握變動中的選擇權

價格彈性讓我們看見市場不是靜態的。油價上漲不只是負擔,也是一面鏡子,映照出誰有選擇權、誰缺乏替代方案、誰有能力適應未來。

學會觀察彈性,我們才能理解政策影響為何對某些人特別重、對某些產業特別關鍵。這不只是經濟模型的計算,而是與我們每個人的生活現實緊密相關的調適能力。

第七節　自由市場下誰在決定什麼要生產?

當你走進便利商店,發現冷藏櫃裡不再只賣罐裝茶與碳酸飲料,而出現了高蛋白豆漿、減糖氣泡水、膠原蛋白機能飲品;或在網購平臺發現愈來愈多臺灣品牌推出素食便當、低碳生酮商品,你是否曾想過,這些商品是誰決定要生產的?是政府命令?是廠商直覺?還是市場自己告訴他們?

在自由市場經濟體系下,決定什麼要被生產的,既不是某個中央單位的命令,也不是企業老闆的突發奇想,而是由無數消費者、廠商與價格訊號共同「投票」的結果。

第二章　價格怎麼來的？走進市場的世界

需求是市場的第一道指令

經濟學中強調，消費者的選擇與購買行為是決定生產方向的起點。當越來越多人選擇購買無糖飲料，飲料廠商就會注意到銷量變化，開始調整產品線與配方。

以 2024 年臺灣飲品市場為例，根據食品工業發展研究所統計，無糖茶類銷量首次超越含糖飲料，占比達 55%。這樣的訊號讓統一、黑松、可口可樂等品牌同步推出低糖、無糖系列飲品，形成產業的集體轉向。

這說明了：消費者每天在貨架前的選擇，其實就是對「生產什麼」的投票。

價格訊號是企業的羅盤

對企業而言，價格不只是成本與利潤的指標，更是市場需求強度與資源分配效率的指標。當某類產品價格高漲且仍有穩定銷量，就代表市場願意付出代價，企業自然更有誘因投入資源生產該商品。

例如：2023 年蛋價飆漲期間，許多烘焙業者開始調整配方或引進蛋粉替代品，同時也促使飼養業者增設養雞場、投資自動化設備。這些資源移動，背後驅動力就是價格所提供的誘因結構。

第七節　自由市場下誰在決定什麼要生產？

競爭與創新：市場內部的自然演化

在自由市場中,廠商不僅回應既有需求,也會積極「預測」與「創造」需求。新創品牌如臺灣保健食品品牌「活力媽媽」,或韓國潔淨美妝品牌「Unpa cosmetics」等,就是在市場未明朗前先投入研發,搶占需求萌芽期的機會。

這種行為不是盲目冒險,而是建立在價格趨勢、消費偏好、社群回饋與預期利潤基礎上的理性決策。成功者可引導市場風向,失敗者則自動被淘汰,這正是市場競爭與創新的自然篩選過程。

政府扮演的角色：制度設計與市場補位

雖然自由市場決定多數商品的生產方向,但政府仍在關鍵領域中扮演重要角色。例如:

◈　公共衛生:疫苗、口罩、防疫物資
◈　教育與文化:教材、圖書、非營利內容
◈　國防與基礎建設:軍備、鐵道、供水系統

這些商品往往因外部性大、利潤低或公共性高而不易由市場提供,政府透過預算、補貼與制度設計進場介入,確保社會整體福祉不被市場機制遺漏。

臺灣政府不斷推動國產替代計畫,鼓勵企業研發半導體材

第二章 價格怎麼來的？走進市場的世界

料、關鍵元件與國防裝備,就是一種政策性調整供給結構的做法。

當市場失靈時,誰來調整方向?

自由市場不是萬能的。當資訊不對稱、價格被壟斷、消費者行為受到操弄時,市場可能誤導資源分配。例如:

◆ 健康食品誇大不實廣告導致資源浪費
◆ 社群平臺演算法導致內容極端化、生產扭曲
◆ 快時尚過度生產造成環境資源耗損

這些情境需要制度與公民意識共同介入,補足市場機制無法自我糾正的部分。否則即使價格與需求仍存在,卻未必帶來整體社會最佳結果。

市場的決定權,來自每一個選擇者

自由市場並非混亂無序,而是透過價格、需求、利潤與競爭等機制,讓資源自然流向最被需要的地方。

你每天的消費選擇,正是參與這個機制的一部分。當越多人選擇永續產品、在地製造或公平貿易商品,生產方向就會悄悄改變。

經濟學讓我們理解,不只是政府或大企業在決定世界的模樣,而是我們每一個人的選擇,正共同建構下一個市場的樣貌。

第三章
買與不買的背後：
消費者行為經濟學

第三章　買與不買的背後：消費者行為經濟學

▎第一節　你真的理性嗎？還是只是被誘導

　　你是否曾有這樣的經驗：原本只是想進全聯買一瓶牛奶，結果走出來時卻多了三樣特價餅乾、一瓶折扣果汁和一包買一送一的零食？你以為自己精打細算、絕對理性，實際上卻早已落入設計好的消費陷阱。這並非單純缺乏自制力，而是消費者在決策過程中，受到心理偏誤與環境暗示影響的結果。

　　行為經濟學指出，我們不是如傳統經濟學所假設的「完全理性人」（homo economicus），而是受到感知、情緒、習慣與社會線索影響的「有限理性人」。在現代消費環境中，我們的選擇經常是在無意識中完成。

錨定效應：價格不是你以為的那樣

　　你走進便利商店，發現某品牌咖啡從原價 85 元降到 59 元，標示著「特價、限量」，你馬上覺得划算。但事實是，這杯咖啡在其他平臺原本就賣 60 元左右，85 元只是吊高來當作比較基準的「錨點」。這種現象在行為經濟學中稱為「錨定效應」（anchoring effect），人們會過度依賴第一個被提供的資訊來做判斷，儘管它未必具備真實參考價值。

　　不只價格，連時間、容量、折扣幅度都可能成為錨點。當你在網購平臺看到「原價 3,280 元，現省 2,000 元」時，你可能忽略了它在其他通路從未賣過 3,280 元這件事。

> 第一節　你真的理性嗎？還是只是被誘導

心理帳戶：錢不是錢，是感覺的分類

心理帳戶（mental accounting）是指人們會依情境或用途將錢分類，並對不同「帳戶」採取不同的消費態度。例如：你可能不願花 3,000 元買一件實用衣物，卻願意花同樣的錢請客吃飯或買演唱會票；你可能覺得年終獎金可以盡情花掉，卻會斤斤計較平時薪資的花費。

這種分類讓人產生錯覺，認為某些支出「比較不痛」，而這正是許多行銷操作的切入點。像是超商推出的點數換購、信用卡紅利兌換、購物金回饋，都是在創造新的心理帳戶，誘使你在某些區塊裡「比較願意花錢」。

選擇過載與預設選項：我們其實不愛做決定

根據研究，當選擇太多時，反而容易讓人逃避決策，這就是所謂的「選擇過載」（choice overload）。一項經典實驗是：在試吃攤位提供 24 種果醬時，顧客雖然比較願意停下來試吃，但實際購買率遠低於只提供 6 種果醬的情況。

在現實中，這解釋了為什麼許多電商平臺會推薦「精選組合包」、「銷售排行 TOP 5」，也說明了博客來或 momo 購物網為何會主動推薦熱銷品、組合包或關聯商品——這些都是在幫助你節省認知成本。

另一種設計是「預設效應」（default effect），也就是當系統或

第三章　買與不買的背後：消費者行為經濟學

表單預先幫你勾選某個選項時，你很可能就不會更動。例如許多網路平臺在結帳時預設加購商品，若不特別注意，你就默默被多收了一筆錢。

情緒與衝動：你的心情左右你的消費

你心情不好的時候，是否更容易衝動購物？根據臺灣中研院社會所一項調查，2023 年有高達 42% 的青年族群坦言會在心情低落時進行非理性消費，作為「情緒修復」手段。

商場與廣告知道這點，便會在節慶或週末時大量投放溫馨、感性廣告，營造「犒賞自己」、「享受當下」的氛圍，讓你心甘情願多花錢。這種情境誘導，是現代行銷學與行為經濟學的共同武器。

你做的每個選擇，都可能不是你原本的選擇

我們以為自己做的是理性決策，實際上可能早已受到預設選項、價格錨點、心理帳戶分類與情緒波動等因素操控。行為經濟學不是讓你變得冷酷，而是幫你有意識地看清這些「微操控」，進而恢復選擇的主動權。

從下一次購物開始，不妨多問自己一句：這真的是我想要的，還是被誰設計好的？你會發現，做決定從來都不是單純的理性行為，而是心理、情境與經濟力量交會的結果。

第二節　超市陳列的心理學

你有沒有注意過，每次走進超市，架上最顯眼的商品幾乎都不是你原本打算要買的？從入口處的特價區、動線安排、到結帳櫃檯旁的小零食，每一個位置都不是隨便擺的。這些看似雜亂的陳列，其實背後有一套精密的心理策略，目的是讓你買得更多、花得更快。

行為經濟學與零售心理學告訴我們，人類的注意力有限、決策偏誤普遍，超市透過陳列設計、燈光與視線操控，悄悄影響我們的購物行為。這一節，我們就來拆解那些讓你不自覺掏錢的「隱形設計」。

動線設計：繞得愈多，買得愈多

多數超市入口不會直接對準主通道，而是設計成必須繞行的「U 型路徑」，這麼做的目的，是延長你的停留時間。研究顯示，顧客在賣場停留時間每多 10 分鐘，平均購買金額可提升 18%。

臺灣連鎖超市如全聯與家樂福，普遍會將民生用品如衛生紙、米、鹽等放在店內深處，逼得你必須穿越其他高利潤區域（如零食、飲品、即期品）才能抵達目的地。在這過程中，你很可能因為看到特價商品而「順便」拿了好幾樣原本不打算買的東西。

第三章　買與不買的背後：消費者行為經濟學

視線經濟：你的眼睛在哪裡，行銷就在哪裡

商品最容易賣出去的位置是「黃金陳列區」——也就是成人站立時視線平行的位置（約 120～160 公分高），這些位置通常保留給利潤高、推廣中的產品，廠商甚至需額外付費給通路商才能搶下這些關鍵位置。

同樣的手法也用於兒童商品：糖果與玩具往往擺在 60 公分左右的位置，剛好是小朋友坐在推車上伸手可及的範圍。當父母推車經過時，孩子往往已經出手「下單」，形成一種非理性衝動購買。

結帳區的「陷阱式商品」

你以為排隊結帳時是在放鬆，實際上是商家最後一次收割你注意力的機會。口香糖、電池、面紙、即食糖果等被稱為「結帳陷阱商品」，因為這些小額、常用又不易被記在購物清單上的東西，在這一刻最容易讓人「順手帶走」。

根據零售研究，這類商品放在結帳旁邊，比放在其他貨架上能提高近四成的銷售機率。這是「殘餘預算心理」的應用——結帳前，消費者會放鬆戒心，認為這些小錢無傷大雅，因此更容易為這些設計埋單。

第二節　超市陳列的心理學

色彩、氣味與光線：感官操控的行銷手法

除了商品位置，超市還會利用色彩學與香氛心理學影響你的購物節奏。例如：

- 生鮮區多用綠色與橘紅色燈光，讓蔬果與肉品看起來更新鮮
- 麵包區常有空氣中飄散的烘焙香氣，提升購買意願
- 某些超市在冷藏區採用藍白光源，讓冷感產品（飲料、冰品）看起來更清爽

這些元素強化了「感官連結」與「購買合理性」，讓人更容易對購物行為產生正當化與享樂感。

類別錯置與「補貨型陷阱」

有時你會在零食區發現洗衣精、在飲料旁看到牙膏，這不是錯誤，而是策略。有研究指出，將日用品分散擺放，可以創造出「補貨提醒效應」，也就是在非原本預期區域看到某商品，會提醒你：「上次用完了嗎？該補了吧？」這就是「補貨型陷阱」。

尤其在節日前夕，超市更會刻意混搭商品，例如將飲料與賀歲餅乾包成「年節禮組」，讓你誤以為是季節必備，也就順手帶走。

第三章　買與不買的背後：消費者行為經濟學

> 你的推車不是你自己在推，是被設計推著走

超市看似中立，其實處處是心理學與經濟學的應用場域。動線、視線、光線、香氣與商品混搭，都是一場精密設計的誘導工程。

當你下次推著購物車走進超市，不妨放慢腳步想一想：這條路線是誰安排的？這些商品為何放在這裡？若能對這些設計多一分覺察，你就能少一分衝動，更多一分理性與主導權。

第三節　選擇障礙其實是經濟問題

你是否曾在網購時，打開一頁搜尋結果卻滑了半小時，最後什麼都沒買？或是在超市冷藏櫃前站了五分鐘，還是選不出要帶哪一瓶優酪乳？這些不斷拖延、難以下決定的情境，並不只是「你太猶豫」，而是「選擇過多」造成的心理疲勞。

行為經濟學稱這種現象為「選擇過載」（choice overload），它不只影響我們的決策效率，甚至會降低滿意度與消費行為的持續性。這意味著，選擇多不一定代表更好，反而可能導致我們更常後悔、焦慮，甚至放棄消費。

第三節　選擇障礙其實是經濟問題

為什麼選擇太多反而更難決定？

當人們面對過多的選擇時，大腦會消耗更多認知資源來分析差異、預測結果，這種「決策成本」會隨選項數量成倍上升。尤其當商品差異不大（例如功能接近的耳機、設計類似的筆記型電腦），你更容易陷入「資訊分析癱瘓」狀態。

心理學家貝瑞・史瓦茲（Barry Schwartz）在其著作《選擇的弔詭》（*The Paradox of Choice*）中指出，選擇過多會讓人更焦慮，因為每做一個決定，就等於放棄了其他所有可能性，這會放大「機會成本感受」，進而引發後悔與不確定。

網購平臺與「無限選項陷阱」

臺灣消費者在使用 momo 購物網、蝦皮購物或博客來時，常常面對的是數百筆同類產品結果。例如搜尋「無線藍牙耳機」，可能跳出上千筆商品，從 200 元到上萬元都有。你可能開了十幾個分頁比較規格、評論、價格，結果最後關掉所有視窗，告訴自己「改天再決定」。

這樣的行為背後反映的是「選擇延遲」（choice deferral），是一種由資訊過多引發的理性退卻，並非單純拖延症，而是當大腦面對無法消化的資訊時的自我保護反應。

第三章　買與不買的背後：消費者行為經濟學

電商平臺怎麼幫你「縮小選擇」？

為了解決消費者的選擇障礙，現代電商與實體通路會主動進行「商品組合最佳化」（assortment optimization），也就是幫你預選與分類。例如：

- momo 會顯示「熱銷排行」、「星級評比 TOP5」
- 博客來會推薦「書店店員精選」或「主題書單」
- 全聯福利中心 App 推出「本週精選推薦」頁面

這些機制其實不是操控，而是一種「預篩選服務」，幫助你從混亂中取得參考架構，降低決策焦慮。

選擇障礙的經濟代價：不只是花時間

根據國際顧問公司麥肯錫（McKinsey）2023 年消費者行為報告指出，約有 42％ 的網購消費者因「無法決定」而放棄購買，這對商家而言是直接損失，對消費者而言則是時間成本與心理壓力的疊加。

在臺灣也有相關調查顯示，民眾平均每天花在電商平臺搜尋的時間超過 26 分鐘，其中超過一半並未下單。這種無結果的消費行為，正是選擇障礙造成的「低效購物」現象。

第三節　選擇障礙其實是經濟問題

怎麼讓選擇變簡單？從「設限」開始

行為經濟學建議：當我們面對大量選項時，應該先設下個人偏好與預算的「認知邊界」，再從有限範圍內做出選擇。例如：

◈ 限制自己只看 TOP10 商品
◈ 預設價格區間與功能需求
◈ 仔細看自己信賴的評價來源，而非全部評論

這不只提升選擇效率，也能減少決策後悔感。畢竟，真正影響滿意度的不是選擇多寡，而是「選擇的掌控感」。

選擇自由不等於幸福，選擇能力才是關鍵

在自由市場裡，選擇似乎越多越進步，但對大腦與心理而言，過多的選項其實是一種負擔。從行為經濟學的角度來看，選擇障礙是一種決策失能，也是一種資源錯置：你花了很多時間，卻換不到更好的結果。

學會簡化選擇、設定限制、接受「夠好就好」的原則，才是從選擇中解放的第一步。經濟學不只是幫你分析價格，更是幫助你理性選擇、避免疲勞、珍惜時間與心力的思考工具。

第四節　信用卡讓你多花了多少錢？

你還記得上一次刷卡買東西的情境嗎？也許是在便利商店結帳時、也許是在網購時點下那個「使用信用卡付款」的按鈕，那一瞬間，你其實沒有真的「付出錢」，而是延後了付款。也因為這個「暫時無痛」的過程，讓你更容易消費 —— 甚至消費超過原本的預算。

行為經濟學家稱之為「支付痛感」（pain of paying），當我們用現金付款時，大腦會產生一種「失去」的明確感受，但使用信用卡或行動支付時，這種痛感被弱化，反而更容易放手消費。

信用卡如何降低你的「痛感」？

根據麻省理工學院的研究，當人們使用現金與信用卡購買相同商品時，刷卡者平均願意支付的金額比現金多出 12％～18％。這是因為現金交易立即牽涉到「視覺、觸覺與心理上的資源流失」，而信用卡則將這種即時連結給「去痛化」了。

在臺灣，根據金管會 2024 年統計，全年信用卡刷卡總金額已突破新臺幣 4.6 兆元，創歷史新高，反映消費動能持續擴張。平均每張卡年刷金額約 11.97 萬元，換算每月約 9,975 元。值得注意的是，分期付款與自動扣款等「無痛支付」工具的使用率持續上升，顯示在通膨與利率變動的背景下，消費者愈來愈傾向

> 第四節　信用卡讓你多花了多少錢？

於延遲付款與靈活分期的消費模式，正是彈性調整在個人金融行為中的一種表現。

分期、回饋與點數：誘導你買更多的心理設計

信用卡公司常見的行銷策略包括：現金回饋、紅利點數、分期零利率、生日禮、刷卡滿額贈。這些設計讓消費者誤以為「多刷卡其實比較划算」，但實際上往往會花得更多。

例如某家銀行推出「滿 5,000 送 500」的活動，許多消費者為了達標，反而硬湊不需要的商品。這類誘因利用的是「沉沒成本效應」（sunk cost effect），一旦你開始投入，就更難抽身。

另外，分期付款會讓一筆大額支出看起來很小（如：「每月只要 833 元」），這是「分母效應」與「時間折現」的結合運用——你對金額的實感被切割稀釋，降低了對總價的敏感度。

非理性刷卡常見場景：日常也埋藏風險

- **便利商店小額刷卡**：你可能每天刷一杯咖啡，覺得無傷大雅，但一個月下來就是千元以上的「無感開銷」。
- **網購平臺綁定信用卡自動付款**：訂閱制服務（如 Netflix、KKBOX、雲端空間）長期支出被遺忘。
- **百貨公司週年慶刷卡搶優惠**：當下雖享折扣，實則常伴隨高單價與額外支出（停車、餐飲、配件）。

第三章 買與不買的背後：消費者行為經濟學

這些「微型刷卡行為」會累積成你難以察覺的財務負擔，也可能拉高循環利息與信用風險。

小心信用卡的心理帳戶陷阱

許多消費者會將信用卡刷卡支出視為「未來的自己要處理的事」，這是典型的「心理帳戶錯置」，也就是將同樣是錢的支出，因支付時間與形式不同而錯誤分類。

經濟學上稱這種現象為「當前偏誤」(present bias)，也就是你現在認為合理的決策，未來自己可能會後悔，因為當下的誘惑戰勝了長期規劃。

如何避免「無痛支付」帶來的後座力？

- ◆ **設定明確預算**：為每月刷卡設限，並建立超過就主動提醒的警示機制。
- ◆ **使用即時帳務通知 App**：多數銀行提供即時交易通知，讓支出具體化，恢復「支付痛感」。
- ◆ **把信用卡當作延遲付款，不是無限額度**：建立「刷了就是錢已花掉」的觀念。
- ◆ **週期性檢視明細**：每週快速檢查一次消費紀錄，預防帳單驚嚇。

> **信用卡不是敵人,但你要有意識地使用它**

信用卡讓我們享有便利、彈性與優惠,但若使用不當,它也會在不知不覺中改變你的消費邏輯,讓你付出比你想像更多的代價。

行為經濟學提醒我們,支付方式會改變我們的行為模式,而這種改變可能比價格本身更具影響力。保持對「無痛支付」的警覺,就是讓經濟學幫助你重新掌控財務的第一步。

第五節　廣告與品牌價值的經濟邏輯

你為什麼願意花 90 元買一杯星巴克,卻覺得 50 元的便利商店咖啡應該更便宜一點?又或者,當你選擇購買 Dyson 吸塵器、蘋果手機、UNIQLO 衣物時,你是在買產品,還是在買品牌的意義?這些消費決策,其實都是對「品牌價值」的經濟回應。

在經濟學的傳統理論中,價格應該反映產品的功能與生產成本,但現代消費社會中,品牌、形象、廣告與故事,早已深深影響人們的選擇。這不只是行銷,而是一種「感知價值」的建構。

第三章　買與不買的背後：消費者行為經濟學

品牌是「認知的捷徑」

行為經濟學指出，人類傾向使用「啟發式法則」（heuristics）快速做決策。在資訊過多或時間有限的情況下，品牌就成為我們做選擇時的重要線索。例如當你在超市面對十種洗衣精時，你會更傾向選擇曾經使用過或廣告常見的品牌，因為這樣比較「安心」。

品牌幫助我們降低搜尋成本與決策成本，甚至帶來一種心理上的「安全感」。你不確定產品是否真的更好，但因為它是某個「有信任感」的品牌，你就願意多付出一些價格。

廣告不只是告訴你產品，而是在「建構意義」

傳統經濟學認為廣告是資訊傳遞工具，但行為經濟學與文化經濟學告訴我們，廣告更深層的功能是「形塑偏好」（preference shaping）。

舉例來說，Nike的廣告主軸從來不是「這雙鞋有多耐穿」，而是強調「Just Do It」的自我挑戰精神。蘋果廣告講的是設計感與創造力，而不是處理器數據。這些品牌用敘事策略賦予產品額外的象徵意義，讓消費者產生身分認同與情感連結。

第五節　廣告與品牌價值的經濟邏輯

感知價值 vs. 真實成本：為何貴的反而更好賣？

你可能會以為價格高會嚇退消費者，但實際上，在許多領域，「定價高」反而是「價值感」的保證。這是「價格品質聯想」（price-quality heuristic）的展現——消費者會下意識認為「貴的比較好」。

這就是為什麼精品、醫美、高階健身房往往採用「高價策略」吸引特定客群。這些消費者追求的並不只是產品功能，而是藉由價格信號來獲得「身分地位」與「差異化體驗」。

社群媒體與網紅時代的新品牌價值

在社群經濟時代，品牌價值不再僅由廠商控制，而是與KOL（關鍵意見領袖）、UGC（用戶創造內容）共同建構。例如YouTuber 開箱、Instagram 分享與 TikTok 短影音，讓品牌與使用者之間形成互動式信任關係。

這種「社會認同」（social proof）現象讓品牌不再只是廣告，而是一種社群共識。當你看到身邊十個朋友都在喝某個牌子的氣泡水，你不自覺地也會加入，這正是現代品牌力的延伸。

當品牌進入「價格歧視」策略

許多品牌會針對不同市場推出不同定價與產品包裝策略，這在經濟學中稱為「價格歧視」（price discrimination）。

例如臺灣便利商店推出特別版的聯名商品，只在特定通路或時間限量販售；國際品牌則會針對亞洲市場推出尺寸較小、單價較低的版本。這些策略不只是為了成本調整，更是為了在不同消費者的「支付意願」中找出利潤最大化的點。

品牌不是幻覺，是價值的社會建構

我們不是一個人面對市場，而是生活在被故事、象徵與社會認同包圍的經濟環境裡。品牌讓我們做選擇更方便，也更有感，但同時，它也在重塑我們對「價值」的理解。

經濟學不只教我們看見價格怎麼來，也幫助我們理解：我們為什麼願意為某個商標、某段故事、某種情感多付出一些錢——因為那不只是產品，而是一種你想要被看見的生活方式。

第六節　從 Netflix 選片困難說起

打開 Netflix，你是不是也常花了 20 分鐘滑片單，最後卻關掉電視、放棄看片？這種「選不出來」的情境，不只發生在影劇平臺，也發生在 Spotify、YouTube、博客來、momo 購物網——甚至是全聯的零食貨架前。

這不是拖延症，也不是你不夠果斷，而是人類在面對過多選

第六節　從 Netflix 選片困難說起

項時的大腦自我保護機制。這種現象在行為經濟學中稱為「選擇過載」(choice overload)，是一種典型的非理性決策障礙。

當選項太多，反而做不出選擇

心理學實驗顯示，當消費者面對 24 種果醬選擇時，比起只面對 6 種時，實際購買率下降近七成。原因在於，選項愈多，大腦就愈難建立「偏好排序」，反而陷入資訊癱瘓與預期後悔的焦慮之中。

在 Netflix 平臺上，一部片你總覺得「等等可能有更好選擇」，於是持續滑動卻遲遲不決。這不只是娛樂體驗受損，也讓你失去了做出滿意選擇的機會成本。

串流平臺如何回應你的選擇疲乏？

為了解決這個問題，平臺開始運用「預設選項」(default choice) 與「演算法推薦」協助用戶做決策。例如 Netflix 的「精選首頁」、「類似影片推薦」與「為你挑的 10 部片」功能，其實就是一種「選擇架構」(choice architecture) 的設計，目的是降低使用者的認知負擔，避免因選項過多而中斷觀看體驗。

這與博客來書單、momo 推薦、Spotify 的「每日精選播放清單」如出一轍──平臺不斷嘗試設計一種「可接受範圍內的限定選擇」，幫你在選擇自由與效率之間取得平衡。

085

第三章　買與不買的背後：消費者行為經濟學

預期後悔與選後不滿：選太多更易後悔

當人面對眾多選項時，更容易產生「預期後悔」，也就是在選擇前就擔心選錯；而做出選擇後，則可能出現「選後不滿」——懷疑自己是否錯過了更好的東西。

這兩種心理效應會降低你的滿意度，進一步削弱你對平臺的好感與回訪意願，也讓企業的轉換率與留存率下降。

限縮選擇，有時更能提升滿足感

有些平臺開始實驗「週限制片單」、「分類限時開放」的手法，例如 Netflix Kids 僅提供特定分類影片，或線上書店限定時段只展示少量新書。這些設計雖然看似限制，實則是一種策略性「選擇簡化」，有助使用者更快找到可接受選項，提升觀看與消費滿意度。

這正是行為經濟學所說的「選擇簡化」(choice simplification)：過濾掉次要資訊，讓決策變得更快、更輕鬆。

選擇太多，是一種幸福，也是一種壓力

在這個資訊爆炸的時代，我們擁有的選擇比過去任何時候都多，但這不等於我們就做出更好的選擇。反而，選擇過多常讓我們停在原地、錯失體驗、懷疑自己。

經濟學提醒我們，自由市場提供選擇的同時，也必須設計出好的「選擇架構」，才能幫助人們真正做出有意義的決策。下次當你在片單前猶豫時，不妨嘗試限制自己只從五部中選一部，也許反而會看得更開心。

第七節　計劃性購物與衝動購物的經濟代價

你是否有過這樣的經驗：原本只是到超市買牛奶，卻在結帳時發現購物籃裡多了三樣餅乾、一瓶紅酒與一盒特價巧克力？這些「不在計畫內」的消費，正是典型的衝動購物（impulse buying）。雖然偶爾為自己加點小確幸無可厚非，但長期下來，這種未經計劃的消費行為會對財務健康產生不可忽視的影響。

衝動購物不是個性問題，是行為模式

行為經濟學指出，衝動購物源自「即時滿足」（immediate gratification）偏好，也就是當前偏誤（present bias）。人類在面對立即享受與延遲回報時，傾向選擇前者。這也是為什麼我們常常在毫無預警的情境下做出購物決策：在便利商店櫃檯前、電商平臺快閃特價、百貨週年慶倒數計時……都是設計來喚起你的即時欲望。

第三章　買與不買的背後：消費者行為經濟學

根據 2024 年臺灣消費者調查，有超過 58% 的消費者坦言每週至少有一次「非計畫性購物」，其中以便利商店、超市與網購平臺為主要發生場域。

計劃性購物：一場與自己預算的協商

與衝動購物相對的，是計劃性購物（planned purchasing）。這類消費行為通常伴隨預算編列、消費清單與價格比較，強調的是自我控制與延遲滿足（delayed gratification），也就是行為經濟學所說的「理性選擇（rational choice）」。

研究發現，建立購物清單的消費者，其月度不必要支出平均可降低 17%～22%。此外，有預算框架者在面對廣告促銷與折扣誘惑時，更能維持穩定的消費行為。

情緒與情境對衝動購物的加乘效應

衝動購物不只與產品本身有關，也與當時的情緒與環境密切相關。當人們感到壓力、焦慮或孤單時，更容易做出即時獎賞的決策。

像是在工作疲憊後滑手機時刷到限時優惠，或在下雨天臨時躲進書店、買下原本沒打算購買的小說與文具。這些購物行為表面上是獎勵，其實是「情緒補償」。所謂的「情境決策偏誤」，可視為行為經濟學中「情境效應（situational effects）」與「脈絡效

第七節　計劃性購物與衝動購物的經濟代價

應（context effects）」的綜合概念，指出個體的決策經常受限於當下環境因素、情緒或選擇架構，而偏離理性判斷。

信用卡、行動支付與「支付去痛化」效應

現代消費環境中，支付方式的變化進一步強化了衝動購物的頻率。行動支付、信用卡與一鍵下單的便捷性大幅降低了「支付痛感」，讓你在不知不覺中做出購買行為。

當消費者不需要立即「掏錢」，而是點擊即可完成交易時，原本存在的「思考空間」也被壓縮了。行為經濟學中的「支付痛感」（pain of paying）現象指出，人們在付款時會產生類似失落的心理痛感。然而，當使用如行動支付、信用卡、自動扣款等方式時，這種「疼痛」會被減弱，導致所謂的「支付痛感降低效應」，進而提升非理性消費的可能性。

經濟代價不只是金錢：機會成本與情緒反應

衝動購物的代價不只是帳單金額。它也包含錯失了更有價值的消費選擇（機會成本）、引發後悔與焦慮的情緒反應，甚至形成長期財務壓力。

有研究指出，持續性衝動購物者往往對於自己的消費行為缺乏掌控感，進而陷入「消費後懊悔循環」。這不只影響財務自由，也降低生活滿意度。

第三章　買與不買的背後：消費者行為經濟學

如何強化計劃性購物能力？

- ◆ **建立預算與清單制度**：購物前列出所需，並設定明確上限。
- ◆ **使用延遲購買機制**：強迫自己將想買的商品加入「願望清單」24 小時後再決定。
- ◆ **切換支付工具**：從信用卡轉回現金或儲值支付，恢復支付感知。
- ◆ **自我回顧與檢視**：每週檢查一次消費紀錄，反思衝動購物情境與金額。

購物的自由，不該只是「隨性」

我們都會衝動購物，這是人性；但當這種行為成為慣性，便會侵蝕你的經濟自由與生活品質。行為經濟學讓我們看見這些非理性的模式背後的邏輯與機制，並提供對策。

計劃性購物不等於吝嗇，而是對自己未來的尊重。讓每一次消費都對得起你的努力、時間與選擇，才是真正的經濟學思維。

第四章
你我都是生產者：
企業如何做決策

第四章　你我都是生產者：企業如何做決策

第一節　小吃攤與跨國企業的共同點

一位臺中第二市場的滷肉飯攤販，每天早上五點起床備料，估算今天的客流量、決定要滷多少鍋肉、採購幾公斤米與青菜；而在地球另一端，麥當勞的總部也在根據全球銷售數據與供應鏈分析，調整不同地區的原物料訂單、定價策略與庫存分配。

兩者規模差距懸殊，但本質上，他們都在做一樣的事：

- ◆ 預測需求（今天會有多少客人）
- ◆ 控制成本（要買多少食材不浪費）
- ◆ 分配資源（人力、時間、設備怎麼用）
- ◆ 面對風險（天氣不好會不會生意差）

這些都是生產者每天面對的現實挑戰，不論你是個體戶還是跨國公司，經濟學裡的「企業決策邏輯」早已在你身上運作。

生產不是工廠專屬，而是生活常態

很多人以為「生產」是企業的事，但事實上，我們每個人都是資源的生產與分配者。舉例來說：

- ◆ 你在家煮飯，是用食材、瓦斯與時間生產出一頓餐點。
- ◆ 你在兼職剪影片，是用電腦、創意與勞力換取報酬。

第一節　小吃攤與跨國企業的共同點

這些行為都包含了「生產要素」(inputs)與「產出」(outputs)，也涉及「生產效率」與「選擇成本」的概念。

企業只是把這些決策規模化、制度化，但思維是共通的。這也是為什麼一位擺攤十年的早餐店老闆，可能比初入職場的年輕主管更懂什麼叫「單位成本」、「邊際報酬遞減」與「生產彈性」。

決策的本質：在有限中做選擇

不論企業大小，生產決策永遠離不開一個前提：資源有限。你無法擁有無限人力、時間、材料，因此必須做出最有效率的配置。

- **人力排班**：要不要多僱一個人來加速備餐？多一人是否值回薪資？
- **設備選擇**：該不該換一臺更省電的冷藏櫃？維修成本與投資報酬期多長？
- **進貨策略**：今天進貨多一點能壓低成本，但萬一賣不完就變浪費。

這些判斷並不簡單，但卻是生產活動中的日常。從微型商家到跨國企業，做出好的「資源分配決策」就是成敗的關鍵。

第四章　你我都是生產者：企業如何做決策

從小吃攤看企業管理的縮影

以臺北某家排隊豆花店為例，它只有三名員工，卻能每天穩定供應上百碗豆花、有效控管備料與庫存。其創辦人表示：「我們每天早上 9 點統計前一天銷量、盤點庫存量、確認天氣預報，再決定今日備料量與營運模式。」

這其實就是「每日滾動式決策」，也是多數中小企業在運用有限資源時最常見的生產策略。

大企業如統一超商則採用中央廚房與物流配送系統，同樣的邏輯只是在更大規模與更多部門之間協調。

數據化：規模差異下的共同語言

數據讓企業不再只憑經驗，而能將「感覺」轉化為「可度量的依據」。

- ◆ 小吃攤主可能記錄每日銷量、週末與平日差異，以此預估食材使用量。
- ◆ 大型零售企業則依靠 POS 系統、CRM 顧客資料庫、AI 預測模型動態調整供應鏈。

這種從經驗走向量化的過程，正是現代企業決策演進的縮影。小商家也能透過簡單工具如 Excel、LINE 群組記帳、Google 表單等建立初階的決策系統。

> 第二節　成本怎麼算？為什麼定價總比你想的難

從小處學企業，從企業思維優化個人生活

你不需要是總經理，才能學習如何做決策；你只要曾經煮過一餐、經營過一間網路賣場、寫過一份報價單，你就已經參與了生產行為。

當我們認知到自己也具備「企業家的角色」，就能用經濟思維更清晰地衡量投入與產出、選擇與放棄，也能在日常中做出更理性的分配。

無論是小吃攤還是跨國企業，本質上都在問一件事：如何在有限中，創造出最大的價值。這正是生產行為的核心，也是每一位現代人都應學會的經濟邏輯。

第二節　成本怎麼算？
　　　　為什麼定價總比你想的難

你可能覺得定價很簡單，只要把成本加上利潤就可以了。例如早餐店一份蛋餅成本15元，老闆想賺10元，那就賣25元。但現實世界的定價比這複雜得多，因為「成本」從來不只有食材成本，「利潤」也不只是你想要賺的錢。

在行為經濟學與現代企業管理中，定價是一場與心理、競爭、風險、品牌、時間與彈性之間的多方協商。這一節，我們

第四章 你我都是生產者：企業如何做決策

要重新認識什麼叫「成本」，以及為什麼賣東西不只是定個好價格這麼簡單。

成本不只看得見的材料費

以臺中一間人氣雞排店為例，一塊雞排的食材成本是 35 元，但還得加上：

- ◈ 租金分攤：約每塊 5 元
- ◈ 人力薪資：約每塊 7 元
- ◈ 包材費用：約每塊 3 元
- ◈ 水電與耗材：約每塊 2 元

這樣看來，雞排的「單位成本」已經超過 50 元。但這還沒算進「機會成本」——老闆選擇花時間經營雞排店，就無法從事其他可能更有報酬的工作。

再來還有「風險成本」——賣不完的雞排必須報廢、食安出問題的可能性、顧客投訴的風險。這些都應該反映在定價中。

固定成本與變動成本：影響盈虧的關鍵

成本可分為固定成本與變動成本：

- ◈ **固定成本**：不論你今天賣幾份雞排，房租都要繳，設備也要維修。

第二節　成本怎麼算？為什麼定價總比你想的難

◆ **變動成本**：隨著銷量變化的成本，如食材與包材。

很多小型創業者在初期忽略了固定成本的攤提，以為「食材便宜就可以賺」，結果月營業額再高，月底一算還是虧損。

消費者不只看價格，更看「值不值得」

定價除了涵蓋成本，還必須考慮「感知價值」。消費者不是單純依價格做選擇，而是根據他對這個產品的信任感、滿足感與心理預期。

例如你在全聯買的便當賣 65 元，消費者會以「CP 值」評估；但在網美咖啡廳，類似便當可以賣到 220 元，因為環境、擺盤、品牌形象創造了附加價值。

這就是「價值定價法」(value-based pricing)：不是從成本推估價格，而是從消費者願意支付的價格去思考如何調整產品內容與成本結構。

為什麼同樣的產品價格會差這麼多？

同樣一杯拿鐵，在 7-Eleven 賣 50 元，在星巴克可能賣 120 元。兩者的原料差異可能不大，但品牌認同、服務氛圍、社群影響力造成了巨大價值差。

這反映了「心理定價」(psychological pricing)：價格不只是

第四章　你我都是生產者：企業如何做決策

交易,也是訊號。當品牌想傳遞「高質感」時,反而不能太便宜,否則會讓顧客懷疑品質。

折扣策略與價格歧視：為什麼賣得多反而便宜？

現代企業也會根據不同客群實施不同定價策略。例如：

- ◆ 平日提供學生套餐（吸引價格敏感族群）
- ◆ 用會員點數換購、滿額贈獎（提高客單價）
- ◆ 買十送一、搭配商品組合（增加銷量）

這些都屬於「價格歧視」（price discrimination）的應用：不是不公平,而是根據顧客的「支付意願」靈活調整,以創造最大總營收。

定價,是商業中最難的藝術之一

成本只是定價的起點,真正的挑戰是：在市場競爭、顧客期待、品牌形象與資源限制之間找到一個能讓產品賣得動、公司活得下去、顧客覺得值得的平衡點。

經濟學提供我們分析結構與風險的框架,而行為經濟學讓我們理解價格背後的心理感知與行為反應。下一次你看到某產品價格時,不妨想一想：它的成本是多少？它傳遞的是什麼訊號？你願意買單的理由,真的只是「便宜」嗎？

第三節　用最少的錢做最多的事

在創業、開店或經營專案時，我們常聽到一句話：「要用最少的錢，做最多的事。」這句話背後的核心精神，正是經濟學中的「生產效率」與「最佳計算資源分配」。這不只是企業經營的目標，也是現代人日常生活中不斷面對的選擇邏輯。

企業如何在資源有限的情況下發揮最大產出？這節我們將用真實案例說明，在預算緊縮、競爭激烈的情境下，如何透過創新、策略與效率達成「小兵立大功」。

生產效率不是加班，而是「做對的事」

許多人誤以為效率就是快、量多、工作時間長。但真正的效率，是「以最少資源達到最重要的目標」。經濟學稱之為「投入產出比」（input-output ratio）最佳化。

以臺南某家手工甜點店為例，老闆娘為了節省人力與時間，把原本需 4 小時製作的 4 款產品，精簡為 2 款熱銷甜點，並設計出固定化流程，讓每日備料時間減少三分之一，還能維持營業額。

這不只是「做得快」，而是「選擇對的事先做」，是資源分配的重構。

第四章　你我都是生產者：企業如何做決策

少人力高產值：系統化與流程設計

現代小型企業經營者愈來愈理解「用人」的負擔，因此從人力轉向系統，是效率提升的必經之路。

例如使用雲端排班工具、電子庫存管理、線上訂購表單（如 Google Form）、LINE 通知自動機器人等，都能減少人工處理時間。

一位臺北早午餐店老闆分享，他導入自助點餐機後，節省了櫃檯 1.5 人力、每月人事成本降 3 萬元。雖前期投資 6 萬，但 2 個月內就回本。

這就是「固定成本轉換成效率紅利」的案例。

小預算廣宣術：從花大錢到花對錢

在資源有限的情況下，企業需要學會「精準傳播」。臺灣許多在地品牌如「阿原肥皂」、「小農市集」便採取社群經營、口碑累積、KOL 合作的方式進行推廣，而非一開始就砸下大筆預算買廣告。

舉例來說，一家高雄烘焙工作室主動與 10 位地方媽媽部落客合作，提供試吃與優惠代碼。這類「微型行銷」投資小，但轉換率高，還能建立長期顧客社群。

這是從「撒錢式行銷」轉為「滲透式關係行銷」的策略調整。

第三節　用最少的錢做最多的事

善用邊際效益：把剩下的價值發揮到極致

經濟學中的「邊際效益遞減法則」告訴我們，每多投入一單位資源，所獲得的額外效益會逐漸遞減。但反過來看，若我們能善用已有資源的「剩餘效能」，就能以幾乎零成本創造新價值。

例如：

- 一間工作室用中午空檔時間開設線上直播課程
- 餐廳將多餘食材做成副產品、限量便當販售
- 服飾品牌將下架商品整合成快閃特賣會清庫存

這些都是「資源再利用」與「多重價值開發」的實踐，也正是小企業賺錢的隱形邏輯。

自媒體時代的生產力槓桿

現今創業者不需要電視廣告預算，也不需實體店面。只要懂得利用 Instagram、YouTube、TikTok、Podcast 等平臺，就能將時間、知識、經驗槓桿成產品或服務。

這正是「內容即資源」的時代：你說的話、寫的文章、剪的影片、發的貼文，都能變現。成功關鍵在於：找到目標對象、設計可轉換的商業機制、並持續輸出價值。

從一位媽媽將親子故事錄成 Podcast 吸引品牌合作，到自由

第四章　你我都是生產者：企業如何做決策

接案者開設線上課程販售教案，這些都是現代生產者以低資本創造高槓桿的典型範例。

高效率不是高壓力，是高選擇力

在不景氣與競爭並存的時代，「做最多的事」早已不是關鍵，「用最少的資源完成對的事」才是經濟上的勝利。

你不需要更多的錢與時間，而是更會思考哪些事應該做、怎麼做更有效率。這才是經濟學給個人與企業最寶貴的能力：讓你用有限創造最大價值。

記住：節省的不是錢，而是選擇的空間與生活的彈性。

▌第四節　為什麼公司總是要「調整結構」？

你是否曾注意到，大公司三不五時就會宣布「組織調整」、「部門整併」、「人力優化」？媒體會報導某集團裁員300人，也可能看到某科技新創設立新事業部、合併海外子公司。這些看似結構性調整，其實背後都有著清楚的經濟動機。

在經濟學與管理學的觀點中，企業組織是一種「內部市場」。當外部環境變化快速、成本壓力加劇、技術更新頻繁時，企業就需要重新分配內部資源，以維持生產效率與市場競爭力。

第四節　為什麼公司總是要「調整結構」？

組織結構是為了應付「複雜性」

企業存在的目的是為了協調生產，但當規模擴大，部門、人員、產品線愈來愈多時，就會產生「協調成本」與「資訊失真」問題。

以臺灣某大型電商為例，原本僅有採購與行銷兩個部門，隨著品項擴增、平臺營運複雜化，逐步增設客服、資料分析、UI 設計、會員經營等子單位。若不調整組織，就會出現重工、溝通延遲、責任模糊的情形，反而造成效率損耗。

組織結構調整的目的，就是讓資訊更快流動、責任更清晰、目標更聚焦。

內部市場：企業也是在做「資源分配」

經濟學強調資源有限，因此要有效分配。對企業來說，人力、預算、注意力、設備與技術，都是稀缺資源。

當某個部門產值下降、重複性高、效率低落，就可能被整併或裁撤；而新興業務若成長快速，便可能成立新事業群、獨立營運。

這種「內部資源再分配」就像政府在做預算編列或社會資源調撥一樣，是一種經濟上的再優化行為。

第四章　你我都是生產者：企業如何做決策

為什麼總是有人被裁員？

裁員並非企業唯一選項，但確實是許多企業為了控管固定成本、提升人均產值的常見做法。特別是在景氣不明、AI 取代基礎工作、遠距工作改變空間需求的時代，企業會思考如何用更少人力維持相同產出。

根據 2024 年臺灣就業市場調查，約 48％ 的中大型企業表示未來三年內將進行結構性轉型，其中近半數提及「重整人力配置」為主要策略之一。

不過，好的企業會以「優化」代替「削減」，例如：

◆ 調整內部培訓，讓員工轉任新職能
◆ 推出離職方案配套與職涯轉銜服務
◆ 改變工作流程，讓人力價值最大化

結構調整不只是壓縮，也是創造彈性

你也許會問：企業為何不穩定一點就「凍結人事」就好？為何要「動大刀」？原因在於現代市場變化太快，唯有「動態組織」才能應對風險。

例如一間網路媒體公司，在疫情期間廣告營收大幅萎縮，立即轉向直播帶貨，並重新編制內容團隊與行銷人員，成功創造第二成長曲線。這就是透過結構調整讓企業具備「應變彈性」。

企業如同人體，時時檢查、適時調整，是為了讓機體運作更順暢，不是為了「縮水」，而是為了「活下去、活得更好」。

組織調整是企業經濟邏輯的延伸

無論是裁員、整併、部門新設或轉型重組，企業結構調整的本質都是「資源再配置」。它是一種經濟選擇，而非冷酷決策。

理解這一點，有助我們面對產業變動時，不以情緒解讀，而能用經濟學視角看見：哪些資源正在轉移、哪些效能正在重整、哪些機會正在生成。

對於個人來說，學會理解組織調整的邏輯，也能幫助自己更快適應轉變，強化在動盪環境下的職場韌性。

第五節　規模經濟與你創業的可能性

你可能會想：「創業不是大公司的事嗎？我只是想開一家咖啡店、有個工作室，和什麼經濟學理論有關？」但事實上，不管你要賣的是雞蛋糕、接案設計、還是數位產品，你都會面臨一個重要問題：什麼時候規模越大越划算？什麼時候反而讓你虧更多？

這背後的核心概念，就是經濟學中的「規模經濟」（econo-

第四章　你我都是生產者：企業如何做決策

mies of scale）與「規模不經濟」（diseconomies of scale）。理解這些概念，能幫助你在創業與擴張時做出更聰明的決策。

什麼是規模經濟？

規模經濟指的是：當企業規模擴大時，單位成本下降的現象。舉例來說，開一家飲料店可能要花 20 萬元裝潢、買機器、開設 POS 系統，但當你開到第三家、第五家時，這些成本可以被更多分店分攤，每家負擔的金額就降低了。

此外，大量採購原料可以壓低進貨成本、集中製作可減少人事浪費、重複使用品牌資產（如 LOGO、行銷內容）也能減少推廣成本，這些都是規模經濟帶來的效益。

臺灣創業者常見的規模經濟策略

以一位新竹的接案設計師為例，起初一人包辦接案、溝通、設計、修改、報價等流程，工作量有限、收入波動。後來他開始與兩位設計師合作，分工處理流程，並導入 Notion 管理系統，整體產能與效率翻倍，接案金額也能提高。

這就是「小規模聯合」，也是創業者最常見的規模經濟路徑。

另一個例子是臺南一位自營烘焙工作室，透過中央廚房整批製作、每週安排出貨日，而非接單即做，不僅提升生產效率，也降低物流與包裝成本，並開始進入團購市場，擴大銷售通路。

第五節　規模經濟與你創業的可能性

規模不經濟：不是越大越好

然而企業不是越大越好。當組織過於龐雜時，就可能出現「規模不經濟」，例如：

◈ 管理層級太多、溝通變慢

◈ 內部流程複雜、決策失準

◈ 員工動力下滑、責任模糊

這些都可能讓原本的效率優勢反而變成負擔。小型創業者若擴張太快（如過早開分店、聘太多人、跨足太多領域），也可能反而損失彈性，增加營運風險。

網路時代的新型規模經濟：零邊際成本的擴張力

在傳統經濟中，擴張需要更多店面、人力與設備；但在數位時代，內容創作者、教育平臺、SaaS 服務（軟體即服務）等模式，可以在不大幅增加成本的情況下快速放大。

例如：

◈ 一個線上課程錄製一次，可無限販售

◈ 一套設計模板上架後，可反覆授權

◈ YouTube 頻道、Podcast 節目可用一支內容多平臺散播

這些都是「零邊際成本」下的現代規模經濟，也讓一人創業變得可能。

第四章　你我都是生產者：企業如何做決策

共享與平臺經濟：用別人的資源創造你的事業

近年來，透過平臺創業成為趨勢，如：

- foodpanda、Uber Eats 讓餐飲業者免開店就能經營外送
- Pinkoi、蝦皮讓手作或設計者無需設店也能銷售產品
- Pressplay、方格子等平臺讓內容創作者直接變現

這些平臺的存在本身就是一種「規模經濟」，它們讓使用者共享通路、物流、金流與行銷資源，用更低門檻開啟自己的事業。

從「做得好」到「擴得對」，是創業進階的轉捩點

你不需要一開始就很大，但當你開始有穩定的產品與流程後，「要不要擴張、怎麼擴張」就成了關鍵課題。

規模經濟不是大企業的專利，而是一種每個創業者都能理解與運用的策略思維。擴張不是為了炫耀規模，而是為了讓每一分投入都能創造更多產出。

創業的本質，不只是能不能做，而是「做得好後，能不能做得更有效率」。這才是規模經濟帶給我們的真正價值。

第六節　用 Uber 與 Airbnb 看平臺經濟

當你打開 Uber App，五分鐘內車子抵達；或是在 Airbnb 訂房，幾天內住進風格民宿。這些現代便利服務背後，其實反映出一種全新的經濟運作模式——平臺經濟（platform economy）。

平臺經濟不是自己生產產品，而是創造一個讓供需雙方互相交易的場域。Uber 自己沒有車隊，Airbnb 沒有飯店，蝦皮不必囤貨，但這些平臺卻能掌握數以萬計的交易，甚至改變整個產業。

平臺經濟的本質：雙邊市場的設計與管理

平臺的核心價值，是促成「雙邊市場」的有效互動：一邊是供給者（司機、房東、賣家），另一邊是需求者（乘客、旅客、買家）。平臺的任務，是設計好規則、提供工具與保障、建立信任機制，讓雙方願意進入、持續交易。

舉例來說：

- Uber 提供地圖、支付、評價與派遣演算法，降低叫車成本。
- Airbnb 建立房源認證、安全保險與房客評價系統，降低交易風險。

這些都不是「產品」，而是讓市場運作更有效率的「制度」。

第四章　你我都是生產者：企業如何做決策

網路效應：用戶愈多，價值愈大

平臺經濟能快速擴張，靠的是「網路效應」(network effect)：當使用者增加，整個平臺對每個人的價值也會提升。

- ◆ Uber 司機愈多，叫車等候時間就更短，乘客滿意度提高。
- ◆ Airbnb 房源愈多，選擇性愈強，旅客愈願意加入。

反之，若一開始無人使用，平臺便難以啟動。這就是平臺初期最難跨過的「冷啟動問題」：需要先有一邊供給或需求願意進場，才可能產生正向循環。

去中心化與資源重組：不再靠老方法創業

傳統創業要投入資金、租空間、聘人、設產線；但平臺創業思維強調的是「整合別人的資源」。

- ◆ Uber 用的是司機的車、時間與油錢
- ◆ Airbnb 靠的是房東自有的空間
- ◆ 訂票平臺靠的是飯店或航空公司的空位

平臺經濟不擁有資產，卻能有效配置全社會的閒置資源，把「分散的生產者」整合成一個虛擬的供給體系。

第六節　用 Uber 與 Airbnb 看平臺經濟

平臺不是中間人，而是規則制定者

很多人誤解平臺只是「收手續費的中介人」，但實際上，平臺扮演的角色更接近「市場設計者」。它設計交易機制、定義公平性、制定處罰規則，甚至演算法主導了誰被看到、誰接到單、誰得利。

這也是為什麼平臺的影響力如此巨大：一個介面設計、一個評價權重、一條配送邏輯，就可能影響數百萬交易結果。

平臺經濟的挑戰：壟斷、勞動與信任

儘管平臺創造了創業新模式，但也帶來不少爭議：

- ◈ Uber 與外送平臺司機勞權不明，屬於自雇者還是雇員？
- ◈ Airbnb 造成部分城市房租上漲，引發「旅遊擠壓在地生活」的爭議。
- ◈ 平臺過度集中、壟斷市場、操縱價格與曝光排序，也引發監管與公平性的討論。

這些挑戰讓我們重新思考：平臺能否永遠靠「效率」與「彈性」自我正當化？還是需要更多制度設計與社會對話？

> 平臺經濟改變的不只是商業,而是社會的運作邏輯

平臺經濟讓每個人都能成為生產者,但也讓我們更依賴幾個數位中樞。它的好處是真實的:讓資源流動更快、讓個人創業門檻降低;但它的風險也越來越大:資料不透明、演算法不公開、價值觀由平臺決定。

理解平臺經濟,就是認識現代市場的本質。無論你是創業者、消費者、還是受僱者,都應理解你參與的這個系統是怎麼運作的,並思考:你在其中,是被定義的人,還是能影響規則的人?

第七節　ESG 與永續經濟:現代企業的新挑戰

過去,企業成功的指標很簡單:賺錢、擴張、上市。但到了今天,利潤不再是唯一指標,「你如何賺錢」變得同樣重要。從投資人、消費者到員工,越來越多人開始關心企業是否重視環境、社會責任與治理結構,這就是近年來備受重視的 ESG（Environmental, Social, Governance,環境、社會和公司治理）。

ESG 不是口號,它已經深刻改變了企業的經營思維,也成為全球資本市場與政策制定的共同語言。這節我們將拆解 ESG 背後的經濟邏輯,並分析它如何影響臺灣企業的實際行為與未來競爭力。

第七節　ESG 與永續經濟：現代企業的新挑戰

E：環境責任不是成本，而是風險控管

「環境」在過去被視為外部性問題，企業常以節省成本為由忽視汙染、水資源使用與碳排放。但在氣候危機與極端氣候事件頻傳的當下，環境問題已直接成為企業經營風險的一部分。

2024 年起，臺灣金管會正式推動上市櫃公司揭露溫室氣體排放資訊，未來排碳將不再免費，碳稅與碳關稅制度逐步上路。這讓企業不得不思考：不改善環境效能，將面臨成本升高與出口受阻的雙重壓力。

許多企業如臺灣塑膠、日月光、台達電等，已陸續投入綠電採購、碳足跡盤查、節能減碳改造等行動，不僅為了形象，也是出於長期生存的經濟考量。

S：社會責任不是慈善，而是信任資產

「S」強調的是企業與其利害關係人 —— 員工、消費者、供應商、社區 —— 之間的關係。

以勞動條件為例，企業若長期壓榨員工、剝奪工時保障，將面臨人才流失、勞資爭議與社會批評。反之，願意重視員工福利與培訓的企業，往往能吸引與留住人才，創造更穩定的生產力。

2023 年，臺灣許多企業開始推動混合辦公制度、育兒友善職場環境與薪資透明化措施。這些轉變不僅是展現企業善意，

更是對人才招募、員工留任與社會責任的前瞻性投資，反映企業日益重視永續治理與組織韌性。

此外，企業也越來越重視供應鏈的人權與公平貿易標準。像特力屋、誠品生活等品牌，開始推廣在地製造與社區參與模式，建立更強的顧客信任與品牌好感。

G：公司治理不只是股東會議的事

治理（Governance）過去常被視為財會人員與董事會的領域，但近年來，資訊透明、利益衝突管理、反貪腐與性別多元，已成為評估企業風險與永續性的關鍵指標。

臺灣證交所近年推動「公司治理3.0」，要求董事會設立永續委員會，並強化獨立董事比例與女性參與。這些改革不只是表面制度，更影響企業決策的多元性與穩健性。

當治理機制健全，企業更能長期吸引投資、降低法律風險，也有更強的市場抗壓性。

ESG 如何成為競爭力而非負擔？

不少中小企業會擔心 ESG 是一種額外負擔，但其實若運用得當，它是創造差異化與長期價值的機會。

◆ 投資人愈來愈關注 ESG 績效，臺灣多家基金已導入永續指標作為投資依據。

第七節　ESG 與永續經濟：現代企業的新挑戰

◈ 國際品牌採購標準升級，沒有碳足跡報告或人權審查，可能喪失合作機會。
◈ 消費者更偏好有社會使命感的品牌，願意為公平貿易、環保產品多付出。

這些都說明：永續不是「你要不要做」，而是「你準備好了沒」。

永續不只是環保，而是企業存在的新理由

當企業從「賺多少錢」轉向「怎麼賺錢」，經濟邏輯本身也在轉變。ESG 強調的是企業與環境、社會與制度的關係，也重新定義了「效益」的標準：不只看帳面利潤，也看你是否在製造價值的同時，保護了資源、強化了信任、維持了制度。

未來的競爭，不只是商品力或技術力，而是你能否用永續的方式創造成長。這不只是大企業的事，而是每一個想要長久經營的生產者都必須學會的新語言。

第四章　你我都是生產者：企業如何做決策

第五章
人生理財學：
個人與家庭的經濟選擇

第五章　人生理財學：個人與家庭的經濟選擇

第一節　理財不是有錢人的專利

談到理財，許多人會覺得那是「有錢人的事」：買股票、投資不動產、資產配置、退休計畫⋯⋯彷彿只有存款超過某個門檻，才有資格開始規劃。但事實正好相反：理財的本質不是理錢，而是理「生活選擇」，每一個人、每一個家庭，不論收入高低、職業背景、年齡階段，都是財務選擇的執行者。

理財是選擇，而不是數字的遊戲

經濟學告訴我們：資源是有限的，而欲望是無窮的。這也是為什麼理財真正要處理的不是錢夠不夠，而是：在各種需求之間，怎麼安排先後順序，怎麼做出最少遺憾的決定。

以月薪三萬元的小資族為例，薪資不高，但仍需要面對租屋、交通、三餐、手機資費、社交娛樂與突發支出等選擇。如果不加以管理與排序，就容易月光、刷爆信用卡、甚至落入高利貸陷阱。

相反地，一位收入不高但有基本預算觀念的人，可能每月存下 10%，逐步建立緊急預備金與定期定額投資，三年後反而比收入更高但亂花錢的人還要財務穩健。

第一節　理財不是有錢人的專利

你不需要財富自由，才值得財務規劃

許多臺灣人認為理財要等到「有錢了再說」，但其實收入不高時才更需要理財。原因有三：

- **風險承擔能力較低**：若沒存款，一場意外就可能造成長期困境。
- **選擇彈性更小**：沒有餘裕意味著一點花費錯誤都可能打亂整體生活。
- **習慣建立更關鍵**：財務習慣的養成通常發生在資源最有限的時候。

2024 年一項針對 25～40 歲族群的臺灣理財行為調查指出，有長期記帳與預算設定習慣者，其每月可支配資金平均多出 28%，且更能在通膨壓力下維持生活品質。

理財是每月的事，不是未來的事

理財的觀念常被誤解為「退休準備」、「財產傳承」，但其實它應該從每個月的金流開始。理財的第一步不是買保險或學投資，而是了解：

- 每月收入多少是固定的？
- 哪些支出是必要的？
- 哪些支出可以延後、替代或取消？

第五章　人生理財學：個人與家庭的經濟選擇

簡單的記帳、使用如 Google Sheet、手機 App 或 LINE 記帳機器人，就能幫助我們看見自己的金流模式。

理財是對未來的責任，不只是對錢的控制

當你開始理財，其實你不是在管錢，而是在幫未來的自己留一條後路。這是種責任感，也是一種經濟學中的「跨期選擇」（intertemporal choice）：你今天做出的儲蓄與消費決策，會影響你三年後能不能換工作、十年後能不能買房、二十年後能不能過上穩定的生活。

一位 30 歲的補教老師分享，她每月固定存 10％，10 年來從來沒中斷，即使薪水不高，也在 35 歲達成首購目標。她說：「我不是很會理財，我只是把想買的東西先放一週再決定，結果就花得少、存得多。」這種自我延遲滿足的能力，其實比複雜的投資技巧還更重要。

理財不是為了變有錢，而是為了過想要的生活

理財不是讓你變得「不敢花」，而是讓你知道「什麼值得花」。它讓你知道什麼是你真正重視的目標，什麼是可以忍耐的犧牲。

有人理財是為了能請父母吃飯、能說走就走地旅行、能讓小孩去喜歡的學校、能不靠別人過老年生活——這些都不是有

錢人才配談的夢想，而是你今天多一分清醒、多一個選擇，就多靠近一點的現實。

> 你越早開始理財，越有能力選擇你的人生

別再把理財當成一種高深的知識或有錢人的遊戲。它是每個人都在做、只是做得好不好、清不清楚的生活練習。

當你開始記帳、預算、儲蓄、思考自己的消費選擇，你就已經在為自己的人生掌舵。不是等到「有錢了」才值得學理財，而是因為你願意面對生活的現實與不確定，才讓你更值得掌握財務。

理財不是等你成功了才做，而是你能不能成功的關鍵。

第二節　你知道你的錢都花在哪裡嗎？

「每個月薪水都不低，但怎麼總是月底見底？」這可能是許多臺灣上班族、自由工作者、甚至小家庭的共同困擾。你以為自己花得很節制，但帳戶餘額卻告訴你：錢去了你沒預料的地方。

其實，你並不孤單。根據 2024 年主計總處與金管會合作的「國人財務行為報告」，超過 61％ 的受訪者無法正確估算自己每月平均支出金額；其中 36％ 甚至表示「不太清楚自己錢花在哪

裡」。這些數字反映出一個事實：現代生活資訊過載、交易太快太碎片，讓我們愈來愈難「感覺到金錢流失」的真實感。

支出失控的真正原因，不是貪婪，而是「無感」

行為經濟學家指出，當支付方式愈無形、愈便利，人們對花錢的「痛感」就愈低，稱之為「支付去痛化」。

- 一杯咖啡用 Apple Pay 刷卡無感，但現金拿出 50 元時你會猶豫
- LINE 購物自動下單一次才 300 元，但一週下了五次卻沒自覺
- 信用卡帳單來的時候你才驚覺：我這月怎麼花了三萬？

這些「無感交易」削弱了我們對金錢的控制感，也讓我們難以發現支出中隱藏的「黑洞」。

記帳不是為了記錄，是為了發現模式

很多人抗拒記帳，覺得麻煩、花時間、太拘謹。但其實記帳的目的不是為了「知道你花了多少」，而是「知道你怎麼花的」。

臺灣理財顧問協會建議，初學者可以先從三分類開始：

- **固定支出**（房租、學貸、水電瓦斯）
- **必要變動支出**（交通費、三餐、醫療）
- **非必要支出**（外送、飲料、娛樂、購物）

> 第二節　你知道你的錢都花在哪裡嗎？

只要你能清楚掌握「第三類支出占比」，就能立刻改善你的財務流向。很多人誤以為自己是被房租壓垮，其實是飲料、宵夜、超商小物一個月加起來也破 5,000 元。

看不見的支出，是最可怕的支出

◆ 自動續訂：Netflix、KKBOX、雲端空間、自動扣款保險，有些用不到還在付錢
◆ 社交預算：每週聚餐、生日禮物、同事離職、紅包……其實也應列入預算
◆ 慣性開支：Uber 代步、外送點心，可能原本可用替代方案解決

這些支出因為「習慣性、自動化、社交壓力」，最容易被忽略。記帳與分類能讓這些支出「現形」，你才有機會重新審視它們是否符合你的生活優先順序。

數位工具讓你更容易掌握金流

現代人不用再拿筆記帳，一張 Excel 表、手機 App（如 Moneybook、CWMoney）、甚至 LINE 機器人（如 Richart 記帳）都能自動分類、圖表呈現、月結報告。

關鍵在於「養成每日簡單輸入」的習慣，一週只花 15 分鐘，卻能換得對自己金錢行為的掌握權。

第五章　人生理財學：個人與家庭的經濟選擇

記帳的目的不是要你變節儉,而是讓你變聰明

很多人誤會記帳是要你「少花錢」,其實正好相反 —— 記帳是讓你知道「哪些花得值得,哪些可以更有效」。

- ◆ 有人發現自己花最多錢在交通,便開始研究是否能共乘或騎 YouBike
- ◆ 有人發現超商消費高得驚人,改成每週集中補貨一次
- ◆ 有人透過記帳了解自己心情差時會亂花錢,進而建立「情緒支出提示」

這些改變不是來自壓抑,而是來自「看懂自己的消費邏輯」。

財務自由的第一步,是先弄清楚錢去了哪裡

你不需要成為理財高手,也不需要馬上開始投資、配置資產。但你一定要知道自己的錢從哪裡來、流向哪裡。這不是為了節儉,而是為了對生活有選擇權。

當你知道錢花在哪裡,你就開始掌握人生的節奏。記帳是最溫柔、最實際、也最有力量的理財起點。

讓金錢的流向與你的人生目標一致,你就不再只是「花錢的人」,而是真正擁有金錢、運用金錢、駕馭生活的人。

第三節　如何判斷「划不划算」

在臺灣，很多人買東西時最常問的一句話就是：「這划不划算？」但你有沒有想過，什麼叫「划算」？是便宜就等於划算？是打折就一定值得買？還是用久一點、用得爽才算？

其實，「划算」從來不是一個固定的標準，而是一種經濟思維的實踐。它涉及成本、效益、機會、情境與價值觀。這一節，我們要拆解這句全民用語背後的真正含義，讓你每一次掏錢，都掏得心甘情願，且更有判斷力。

價格不是唯一的判準：划算 ≠ 便宜

行為經濟學告訴我們，人類常用「參照價格」（reference price）來判斷划算與否。你覺得某樣商品值不值得買，常取決於你「以為它應該是多少錢」。

例如：一杯美式咖啡在便利商店是 45 元，在網美咖啡廳是 120 元。若你「認定」咖啡就是應該 50 元，那 120 元就不划算。但若你重視環境氛圍、服務品質與拍照打卡，那這額外的 70 元其實就是「你願意為體驗多付的價值」。

所以，划不划算從來不只是數字，而是你「為了什麼付出這個價格」。

第五章　人生理財學：個人與家庭的經濟選擇

成本是什麼？不只錢，還有時間與風險

經濟學裡的「成本」不是只有價格，還包含：

- **時間成本**：你等了 30 分鐘的排隊美食，雖然食物便宜，但你也用掉寶貴時間。
- **情緒成本**：若商品便宜但品質差、用起來麻煩，其實反而讓你生氣與後悔。
- **風險成本**：例如選擇沒保固或售後服務差的產品，出了問題你得自己承擔風險。

真正聰明的消費者，不只看「價格」，而是綜合考慮「總成本」與「實際效益」。

效益是什麼？從使用頻率與替代性來看

花一筆錢買一樣東西，划不划算也與「使用頻率」與「使用年限」有關。經濟學有個簡單工具叫「單位使用成本」（cost per use）。

例如：

- 一件 1,000 元的大衣，穿 100 次，單次成本 10 元
- 一件 500 元的便宜外套，只穿 5 次，單次成本 100 元

看起來便宜的反而貴，看起來貴的反而省。這也是為什麼「投資型消費」常被建議：為真正需要的高頻率物品（鞋子、床

第三節　如何判斷「划不划算」

墊、工作用設備）多花一點,反而最划算。

同樣道理,若某樣支出有明確替代品（如:健身房 vs. YouTube 健身、外食 vs. 自己煮）,你也可以評估它的「替代成本」與「便利差異」,思考是否值得。

心理帳戶與「假划算」陷阱

有些「划算」其實是商家的設計,例如:

- ◈ 買三件九折,但其實你只需要一件
- ◈ 滿千送百,但你硬湊了五樣不太需要的東西
- ◈ 清倉拍賣,一堆 99 元小物結帳時竟破千

這些「假划算」利用的是我們對「失去折扣」的恐懼與「錯誤心理帳戶」的錯覺:你以為省到,其實多花了。

聰明的理財者會問:「這東西,如果不是在特價,我還會想買嗎?」如果答案是「不會」,那再划算也不該買。

划算應該跟「你要什麼」有關

你覺得划算,應該是因為那筆支出讓你靠近自己想要的生活,而不是因為它看起來很便宜。

- ◈ 有人願意花 2 萬買演唱會票,是因為那是一次人生回憶
- ◈ 有人寧願花時間煮飯,是因為飲食健康對他來說最重要

第五章　人生理財學：個人與家庭的經濟選擇

◆　有人願意買貴的筆記本，是因為書寫是一種自我沉澱

這些看起來「不划算」的花費，其實反映的是「你重視什麼」。理解自己的價值排序，比在百貨週年慶精打細算更重要。

划不划算的答案，藏在你真正想要的是什麼

下次當你再問「這划不划算？」時，別只看標價或打幾折，而是問：

◆　它會用幾次？會替代什麼？
◆　它省了什麼？浪費了什麼？
◆　它是否真正靠近你想要的生活？

當你從「價格敏感」進化為「價值敏感」，你的財務就會更健康、選擇更明確，也更能享受每一筆花出去的錢。

真正的划算，是你花得明白，也花得值得。

第四節　房貸、車貸與信用卡：負債的經濟學

在臺灣，多數人一生難以避免與「貸款」打交道。買房有房貸、買車有車貸、日常消費靠信用卡，甚至補習、裝潢、旅遊也常見使用分期付款。但負債到底是好還是壞？借錢是不是代表你活得超過能力？還是，其實這是現代經濟生活不可或缺的一部分？

第四節　房貸、車貸與信用卡：負債的經濟學

這一節，我們將從經濟學與個人理財的角度出發，幫助你理解「負債」的本質，以及如何分辨「健康的借貸」與「危險的財務槓桿」。

負債不是錯，錯的是不懂利息

許多人對「負債」有根深蒂固的恐懼與羞恥感。但在經濟學上，負債是一種資源前移的機制，也就是把未來的錢拿來現在使用。

問題不在於「借不借」，而在於：

- 你借來的錢是為了什麼？
- 你知道自己總共要還多少嗎？
- 你還得起嗎？會影響其他生活選擇嗎？

只要能清楚掌握利率、還款期數、總成本與風險負擔，負債就可以是一種擴大機會的工具，而不是風險陷阱。

房貸：必要的長期負債，也最需要規劃

臺灣人普遍重視置產，多數購屋者仰賴房貸支應資金。根據 2024 年統計，平均房貸金額已達新臺幣 1,042.5 萬元，貸款期數創新高，平均長達 315 期（約 26 年）。不少首購族為降低月付壓力，選擇延長貸款至 30 年。即便利率僅約 2.2%，以貸款

1,000 萬元、30 年期計算,總利息支出將超過新臺幣 368 萬元,顯示低利環境下仍潛藏長期負債壓力。

這讓我們必須思考:

- ◆ 每月房貸支出占收入幾成?
- ◆ 未來若升息或收入中斷,有能力支撐嗎?
- ◆ 房子的地點、機能、折舊風險是否符合價值?

房貸是高槓桿交易,並非穩賺不賠,必須以長期穩定收入與風險保守為前提審慎規劃。

車貸:便利性與折舊性的權衡

車貸則屬於「快速貶值性商品」的負債。車子一落地就開始折舊,5 年後可能剩不到原價一半。若每月為了車貸壓力導致其他生活開支受限,可能本末倒置。

因此經濟學建議:

- ◆ 若必須貸款購車,應選擇總價不超過年收入的車款
- ◆ 評估搭乘大眾交通的替代成本與時間成本,再決定是否必要購車
- ◆ 精算總利息成本、保險、牌照稅、油資與維修費,才能做出總體判斷

第四節　房貸、車貸與信用卡：負債的經濟學

信用卡與分期付款：最容易失控的負債

信用卡最大的問題在於「延遲支付＋去痛化設計」，讓人花錢時幾乎無感。很多人一開始只刷幾千元，後來因為分期、循環利息、滯納金，最後背上數萬元甚至破百萬的債務。

2024 年金管會統計顯示，臺灣約有 13％的卡債人每月只繳最低應繳金額，平均利率超過 15％，形成長期負擔。

避免信用卡債務的原則包括：

- 絕不只繳最低金額，避免進入循環利息地獄
- 規劃分期付款僅限於「高效益、可預期收入」用途（如筆電、教育）
- 將信用卡視為「付款工具」而非「延遲現實」的避風港

好負債 vs. 壞負債：你是否借對地方？

財務顧問常用一個區分法：

- **好負債**：用來創造價值的借款，例如自用住宅、進修學費、創業啟動資金
- **壞負債**：用來滿足短期欲望、缺乏現金流規劃的支出，例如名牌包、娛樂、應酬消費

當你借錢，是為了提升未來收入能力與生活品質，而非只是填補當下缺口，那麼這筆負債才可能成為資產的一部分。

> 懂得負債,就是理財成熟的開始

負債不是失敗,而是「有條件的信任」。當你願意誠實面對自己的還款能力、風險承擔力與支出選擇,你就能把借來的錢變成一種助力,而非壓力。

我們不該盲目排斥貸款,也不該輕易進入債務。理財不是拒絕一切風險,而是理解風險的代價與條件。唯有如此,你才能真正在借與還之間,活得穩定,也活得自在。

第五節　投資理財的風險與報酬

「要不要投資?」這是許多人在月薪穩定、存款開始累積後,遲早會面對的問題。有些人因為聽說某檔 ETF 賺了 20%,就一頭熱投入;也有人因為股票跌過一次,從此敬而遠之。但無論你喜歡或抗拒,投資都已成為現代人財務規劃中不可忽視的一環。

本節將從最基本的經濟概念——風險與報酬(risk and return)——出發,幫助你建立判斷力,避免追高殺低、錯過機會,也不被風險嚇得什麼都不敢做。

第五節　投資理財的風險與報酬

沒有「零風險」的投資，只有「不理解的風險」

所有投資都有風險，差別只在風險的型態與大小。有些風險是可預測的（如市場波動），有些則是黑天鵝事件（如疫情、戰爭）。關鍵不是迴避風險，而是認識它、衡量它，並做出與自己風險承受能力相符的選擇。

行為經濟學家丹尼爾・康納曼（Daniel Kahneman）指出：「人類對損失的敏感遠大於對獲利的興奮。」這讓我們容易在投資下跌時恐慌賣出，在漲多時才進場，形成「追高殺低」的非理性行為。

報酬與風險永遠成對存在

經濟學的基本原則是「高報酬對應高風險」。若有人跟你說某投資「保本又年報酬 15％」，請提高警覺。舉例來說：

◆ 定存報酬率僅約 1.5％，但風險極低
◆ 臺灣 0050 ETF 年化報酬約 6％～7％，波動適中
◆ 個股、虛擬貨幣、海外房地產報酬可能超過 10％，但承擔不確定性也更大

理解這些「風險等級階梯」，才能根據自己的財務目標與心態，做出合理選擇。

第五章　人生理財學：個人與家庭的經濟選擇

投資工具百百種，關鍵在適合你

你不需要什麼都會，但需要了解基本分類：

◆ **保守型**：定存、儲蓄型保單、貨幣型基金
◆ **穩健型**：債券基金、配息型 ETF、REITs（不動產投資信託）
◆ **成長型**：股票 ETF、主題基金、臺股與美股個股
◆ **進取型**：選擇權、加密貨幣、槓桿型基金、創投

選擇工具的同時，也要問：

◆ 你的資金會不會短期需要用到？
◆ 你能接受多少波動與虧損？
◆ 你願意投入多少時間研究？

這些答案，比「哪個投資最賺」更重要。

時間是報酬的放大器，也是風險的緩衝器

根據 2024 年臺灣證券交易所統計，長期持有 ETF 超過 5 年者，幾乎無負報酬者。這說明了「時間可以平滑市場波動」，讓資產成長趨向穩定。

如果你是 20 歲開始每月投資 5,000 元、年報酬 6%，40 年後將累積近一千萬元。這不是靠高報酬，而是靠「紀律」與「複利」。

第五節　投資理財的風險與報酬

相對地，短期內炒短線、追熱門題材者，風險極高，勝率也更靠運氣而非判斷力。

投資與理財最大的風險，是不了解自己

你最大的風險，不是市場，而是你對自己的不了解。

- 你是風險趨避型還是風險接受型？
- 你會不會一看到帳面虧損就睡不著覺？
- 你真的理解你買的標的嗎？還是只是跟風？

財務顧問常說：「最好的投資組合，是你睡得著的組合。」讓自己在資訊充分、風險可控的前提下投入，才能在市場起伏中站穩。

投資不該是賭博，而是選擇與紀律的累積

理財不是靠靈感或命運，而是理解報酬與風險之間的交換關係。投資的成功關鍵不在於你多會選股，而在於你是否能長期、穩定、理性地堅持自己的規畫。

如果你能接受「短期不穩，長期穩定」的現實、建立「收益與風險相對應」的認知，那麼你就已經是個合格的投資人了。

別讓市場的聲音蓋過你對生活的判斷，投資永遠只是達成人生目標的工具，而不是人生的全部。

第五章　人生理財學：個人與家庭的經濟選擇

第六節　如何規劃退休與保險

當你聽到「退休」兩字，你想到的是什麼？是 65 歲後領年金？還是存一桶金環遊世界？再問下去，你可能會說：「退休離我還很遠，現在先不要想。」但這正是許多人錯過財務安全起點的原因——退休規劃從來不是年紀大的事，而是越早開始越能掌握的選擇權。

而與退休密不可分的另一件事，就是「保險」。它不是詛咒，也不是為了回本，而是一種用小錢避免大災的風險管理工具。

這節我們要拆解的，不是複雜的保單條款，而是退休與保險背後的經濟邏輯，讓你用簡單的方法，為未來的自己建構一個穩固的基礎。

退休，不是年齡，而是現金流的轉折點

退休的本質，是從「靠工作賺錢」轉為「靠資產產生收入」。當你不再有穩定薪資時，能否靠過去累積的儲蓄、投資與被動收入，維持生活品質？這才是真正的退休能力。

根據 2024 年主計總處與多項調查報告指出，臺灣 50 歲以上受訪者中，有近六成表示對自身是否已準備好足夠退休金感到不確定。多數人預期退休後至百歲所需金額平均約為新臺幣 1,400 萬元以上，然而實際儲蓄與投資金額往往低於預估，與理

第六節　如何規劃退休與保險

想間存在 300 萬元甚至更多的落差。隨著壽命延長與物價上升，退休金不足的風險日益浮現，也突顯出退休財務規劃的迫切性。

因此，退休不是等退休年齡才規劃，而是應該從第一份工作領薪開始，就逐步建構自己的退休現金流來源。

退休金怎麼估？從支出而非收入開始

許多民眾以為「年收多少，退休後就要存多少倍」，但其實正確的方法是：

◈ 估算退休後的生活支出（每月約多少）
◈ 減去政府年金、勞保、勞退可預期收入
◈ 缺口部分，反推所需自備資產

例如：

◈ 退休後每月想維持 4 萬元生活水準
◈ 政府給付約 2 萬元，差額 2 萬元
◈ 預期退休生活 30 年（360 個月）→所需自備退休資產約 720 萬元（未計通膨與投資報酬）

這樣你才能知道：「我現在要從哪裡開始補起來？」

投資型退休準備：用時間換複利

年輕人最有的資源，不是錢，而是時間。若每月穩定投入 3,000 元、年報酬 5%，30 年後即可累積超過 250 萬元，這就是複利的力量。

因此退休準備首要原則是：越早開始，越輕鬆達標。別小看每月的定期定額，它比追短線、猜高低更有效率也更可靠。

此外，也可考慮使用「目標日期基金」(Target Date Fund)，這類基金會隨著退休時間接近，自動調整資產配置，降低風險，是適合長期退休規劃的工具。

保險不是賭回本，而是買風險轉移

很多人不願保險，是因為覺得「賠不到、不划算」。但保險的本質不是投資，而是用小額支出，換取「不確定事件來臨時的財務保護」。

好的保險規劃，應該先處理四種基本風險：

- **死亡風險**：壽險（對有家計負擔者尤重要）
- **重大疾病風險**：重大傷病險、癌症險
- **醫療費用風險**：住院醫療實支實付險
- **意外風險**：意外險（車禍、跌倒等非疾病事故）

第六節　如何規劃退休與保險

最基本的保險組合，其實每月保費控制在收入 5%～8% 內就可完成初步保障。

保險不是愈多愈好，而是剛好就好

臺灣很多人買了一堆儲蓄險、投資型保單，卻沒有基本醫療或意外保障。正確的順序應是：

◈ **先買保險保風險**（不是為了投資）
◈ 再做長期資產配置（退休與理財）

避免重複保障、過度保費，也能把有限預算用在最有價值的地方。

為未來準備，不是悲觀，而是成熟

退休不是老了才想的事，保險也不是怕死才買的東西。它們都是你面對未來的態度──有計畫、有緩衝、有備無患。

你無法保證一切順利，但你可以為最壞的情況設計出不失控的對策。這不是焦慮人生，而是「掌握人生」的開始。

人生的自由，不只是你現在能做什麼，而是當未來變化來臨時，你還有選擇的餘地。退休與保險，就是你為未來預留的選項。

第五章　人生理財學：個人與家庭的經濟選擇

第七節　金錢與幸福之間的距離

「錢買不到幸福」這句話我們從小聽到大，但也從沒停止過追求錢。那麼，錢到底和幸福有沒有關係？又該怎麼找到兩者之間的平衡點？

這一節，我們從經濟學與心理學的研究出發，結合臺灣人真實的生活樣貌，來理解金錢與幸福的距離有多遠、又如何靠近。

錢確實能買到部分的幸福，但有限

根據 2023 年《世界幸福報告》(World Happiness Report)，收入與生活滿意度確實有正向關聯，但這個關係隨著收入提升而遞減，超過一定水準後「幸福感成長幅度」趨於平緩。

美國普林斯頓大學的研究者丹尼爾・康納曼（Daniel Kahneman）指出，年收入達到一個「足以維持基本穩定與社交參與」的門檻後，更多收入對「日常快樂」的提升幾乎停滯。

臺灣主計總處與天下雜誌合作的 2024 年「財務安全與幸福感調查」也發現：

- ◆ 收入每增加 1 萬元，幸福感平均只提升 0.3 分（滿分 10 分）
- ◆ 對財務有控制感的人，幸福感比高收入者還高 1.8 分

這說明了：「錢不是最重要的幸福來源，但它能讓你減少痛苦、擁有選擇。」

第七節　金錢與幸福之間的距離

財務自由，其實是心理自由

很多人誤解「財務自由」就是不用工作、錢多到花不完。但更深層的意義是：

- 你可以選擇你想做的工作，而不是被迫為錢工作
- 你有能力應對生活的突發狀況，而不陷入崩潰
- 你不被金錢焦慮控制，能做出貼近價值的決定

這種自由，來自財務穩定、預算規劃與風險控管，也來自「知道自己要什麼」的心理成熟。

金錢該怎麼花，才能換來幸福？

哈佛商學院的研究指出，以下四種花錢方式與幸福感呈正相關：

- **買經驗，不買物品**：旅遊、學習、活動比購物更能帶來長期快樂
- **幫別人花錢**：為家人、朋友或公益支出會提高自我價值感與連結感
- **買時間，不買折扣**：外包家事、減少通勤，讓時間更彈性
- **延遲消費，延長期待**：把購物變成一次計畫與儀式，比即刻消費更能帶來滿足

第五章　人生理財學：個人與家庭的經濟選擇

如果你能將金錢用在「增加控制感、強化連結感、延長愉悅感」的地方，它就是你幸福的助力。

讓金錢靠近幸福的關鍵：價值排序與財務自覺

每個人對幸福的定義不同，但金錢的功能必須與你的價值觀對齊。

- 如果你重視自由，就該優先儲蓄與建立緊急預備金
- 如果你重視家人，就該將金流與家庭福祉連結
- 如果你重視創造，就該把預算投入能長期培育的地方

財務自覺就是：看見你錢的流向是否符合你人生的方向。

讓錢為你服務，而不是你為錢奔波

錢不是幸福的敵人，也不是幸福的保證。它只是你人生目標的資源與手段。

當你理性地管理金錢，主動地安排支出與儲蓄，它就會成為讓你過「自己想要的生活」的助力，而非壓力。

幸福與金錢之間的距離，不在銀行存款數字，而在你是否擁有「根據內在價值做選擇的自由」。

這，就是理財的終點，也是生活的起點。

第六章
政府與你：公共政策的經濟邏輯

第六章　政府與你：公共政策的經濟邏輯

第一節　政府應不應該干預市場？

經濟學課本常說：「市場在自由競爭下會達到資源最佳分配。」但現實世界裡，我們卻處處可見政府介入市場的痕跡：油價凍漲、房地產限購、電價補貼、進口農產品課稅……這讓人不禁想問：政府應不應該干預市場？還是應該放任價格、供需與競爭機制自然運作？

本節將從市場失靈（market failure）與政府功能出發，探討為何在某些情況下，政府不但應該介入，而且是不可或缺的經濟參與者。

市場不是永遠有效：從「市場失靈」說起

市場失靈是指：在自由市場下，資源無法有效配置，導致社會整體福祉無法最大化的情況。常見類型包括：

- **外部性（externalities）**：如汙染造成的社會成本未被計入價格中
- **公共財（public goods）**：如國防、道路，無法排他又具共享性，市場無利可圖
- **資訊不對稱（information asymmetry）**：如醫療、保險市場，消費者無法辨識品質

第一節　政府應不應該干預市場？

- **市場權力（market power）**：如壟斷或寡占，廠商可操控價格與供給

在這些情況下，市場無法自行修復錯配，政府介入才能矯正偏差、提供穩定機制。

臺灣的真實案例：當市場無法解決問題時

- **空氣汙染**：若沒有政府規範排放標準與徵收碳費，企業缺乏動機減碳，社會將承擔健康成本。
- **健保制度**：健康是基本權利，若僅交由市場，低收入者將被排除於醫療之外。臺灣健保就是以「全民分攤」方式提供公共財。
- **口罩實名制（2020 年初）**：疫情初期價格混亂、囤貨橫行，政府介入產能調度、價格凍漲與配給機制，穩定社會秩序。

這些都是政府適時補位、彌補市場失能的例子。

政府干預可能失靈：政策也有成本與風險

當然，政府也不一定總是理性與高效。經濟學稱之為「政府失靈（government failure）」，可能來自：

- 資訊不足（政策設計與執行脫節）
- 選舉考量與利益輸送（政治導向不等於社會效益）

第六章　政府與你：公共政策的經濟邏輯

◆　官僚效率低落（執行成本過高）

例如：長期的水電凍漲可能導致國營事業虧損、投資意願下降，反而讓品質與供應不穩；房市限購若設計不當，可能壓抑自住需求、衍生黑市交易。

這說明：政府干預不是萬靈丹，必須審慎設計、精準執行，並與市場機制互補，而非取代。

干預的原則：當「自利」無法帶來「共好」

政府的角色不是全面管理市場，而是在「個人選擇無法內化公共成本」時，設立制度框架與誘因結構。

例如：

◆　徵收汙染稅，讓企業為外部成本負責
◆　提供教育補助，增加機會平等
◆　管理食品安全、金融監理等高資訊不對稱領域

這些政策設計的核心原則是：「讓自利的行為與社會利益趨同」，創造制度下的正向選擇。

自由市場需要制度的框架來運作

市場機制確實有效率，但這建立在「規則清晰、外部成本內部化、資訊透明」的條件上。

現實中的市場，常常因為貪婪、資訊差、資源不均而產生失衡。這時，政府的任務不是全面取代市場，而是補足市場不足，維持公平、穩定與長期公共利益。

簡言之，政府不應無所不在，也不能無所不為。它應該存在於那些「市場無法自己處理的地方」，成為制度與秩序的守門人。

市場與政府之間，不是對立，而是互補。懂得這層經濟邏輯，我們就能更理性地看待政策，也更成熟地參與社會。

第二節　稅從哪裡來，又用到哪裡去？

「政府到底是怎麼有錢的？」這可能是我們從小就有的疑問。公共建設、健保支出、教育補助、國防預算⋯⋯這些龐大的開銷，都來自一個看似簡單卻至關重要的來源──稅收。

但稅不只是政府的收入來源，更是公共選擇的展現與社會價值的反映。當你知道一個政府怎麼課稅、怎麼用錢，就能看出它如何看待「公平」、「效率」、「風險分擔」與「社會責任」。

本節，我們將解構稅收制度的經濟學邏輯，也將從臺灣的實例說明，這筆錢是怎麼從你口袋進入政府，又怎麼變成公共服務的。

第六章　政府與你：公共政策的經濟邏輯

政府收入的來源：不只有你繳的綜所稅

臺灣政府的歲入（收入）來源主要可分為以下幾大類：

- **稅課收入**：所得稅、營業稅、關稅、遺產與贈與稅等
- **非稅收入**：國營事業盈餘、罰鍰、規費等
- **舉債**：發行公債、建設債等（屬於未來收入的前借）

根據 2024 年財政部統計，臺灣稅收以營利事業所得稅為最大宗，約占總稅收 37%，其次為綜合所得稅，占比約 26%，營業稅則占約 20%。可見，企業營利與個人所得仍是支撐政府財政的兩大核心來源，也反映出臺灣對所得型課稅的高度依賴。

但「直接稅」（如綜所稅）與「間接稅」（如消費稅、菸酒稅）結構的設計，會影響所得分配與消費行為，這正是稅制與經濟學相連的重要起點。

稅的功能不只是籌錢，更是導引行為

經濟學者將稅收功能分為三類：

- 籌措財源（revenue generation）：支持政府支出
- 行為誘導（behavioral regulation）：如碳稅抑制汙染、菸稅減少吸菸
- 再分配正義（redistribution）：讓高所得者多繳稅，支援弱勢族群

第二節　稅從哪裡來，又用到哪裡去？

舉例來說，臺灣近年推出「健康捐」（針對含糖飲料）與「碳費制度試行」，就是希望透過價格機制引導更健康、永續的消費與生產。

錢去哪裡了？政府預算怎麼分配

根據 2024 年中央政府總預算書，臺灣的公共支出約可分為：

◆ 社會福利：約新臺幣 8,310 億元，占總預算約 26.5％，為最大宗支出，涵蓋健保補助、年金、長照等項目。

◆ 教育、科學與文化：約新臺幣 6,050 億元，占比約 19.3％，包括教育經費、科學研究及文化發展等。

◆ 經濟發展：約新臺幣 5,386 億元，占比約 17.2％，涵蓋交通建設、產業發展、數位建設等。

◆ 國防：約新臺幣 4,674 億元，占比約 14.9％，創歷年新高，反映政府強化國防的決心。

◆ 債務償還與利息：約新臺幣 2,313 億元，占比約 7.4％，用於償還政府債務及支付利息。

這些分配反映出政府的優先順序，也會隨政治、經濟與人口結構變化而調整。例如：

◆ 少子化讓教育預算增多以提升品質

◆ 高齡化讓健保與年金補助逐年上升

如果你想知道「政府重視什麼」，看它錢花在哪裡就知道。

第六章　政府與你：公共政策的經濟邏輯

公平與效率的權衡：稅的兩難選擇

稅制設計常在「公平」與「效率」之間拉扯。例如：

- 高所得者課更高稅率（累進稅制）能促進再分配，但也可能影響工作誘因或資本外移
- 消費型稅（如營業稅）徵收方便，但可能對低收入者造成更大負擔

這讓稅收不只是財政問題，也是「價值選擇」的問題：我們願意讓誰多負擔？我們想鼓勵什麼行為？我們希望社會成為什麼樣子？

稅收是民主社會的價值鏡子

你繳的稅，不只是給政府用的錢，它更代表了這個社會如何看待「誰該出力、誰該被幫助、誰該被鼓勵」。

一個健全的稅制，能在支持國家發展的同時，促進社會共好。而作為公民，我們也應該更積極關心預算審議、稅制改革與資源分配，因為 —— 政府的錢，就是你的錢。

理解稅收的經濟邏輯，我們就不再只是被扣稅的被動者，而是能夠理性參與公共討論的主人翁。

第三節　健保、勞保、年金：你繳的錢夠嗎？

每個月發薪日，除了勞健保、勞退從薪水中被扣款，你是否也曾納悶過：「這些錢我繳了，未來真的領得到嗎？」或是聽過長輩說：「我們那年代繳得少，領得多，你們這代就難說了。」這些問題背後，牽涉的是一個全民都參與的制度——社會保險。

社會保險是一種由國家主導、全民參與的風險分攤制度。它的設計初衷，是希望每個人在生病、年老、受傷或失能時，都不會因為無力負擔醫療或生活費而陷入困境。但這套制度如何運作？你繳的錢怎麼被使用？未來的給付又能否維持？這些都是我們需要關注的公共經濟議題。

健保：臺灣驕傲，也是財政壓力最大來源之一

全民健康保險於 1995 年上路，被譽為全球少數成功以「單一支付者制度」實施的全民健保。依照 2024 年健保署資料：

- ◈ 約 99.9% 人口參加
- ◈ 年總支出超過 8,000 億元
- ◈ 平均每人每月僅繳約 1,500 元保費

這樣的高覆蓋率、低保費、高品質醫療背後，其實是長期財政吃緊。根據審計部報告，健保近十年有七年收支逆差，累

第六章　政府與你：公共政策的經濟邏輯

積虧損接近千億元。

這與人口老化、慢性病增加、醫療科技昂貴化密切相關。當高齡人口上升，醫療需求增加，繳費人口卻減少，整體制度便面臨財務永續壓力。

勞保與年金：代際正義的壓力鍋

勞工保險與勞工退休金，是多數上班族退休與失能保障的主體。但根據勞保局 2024 年最新估算：

- ◆ 勞保基金最快將於 2028 年破產
- ◆ 原因在於給付過高、保費偏低、結構未調整

這也說明，現行制度屬於「實支實付」(pay-as-you-go)，即現在繳費者支應現在領錢者的保障。因此當人口結構失衡（例如受僱人口下降、平均壽命延長），制度就難以為繼。

勞退新制雖以個人帳戶制取代過去舊制，但累積金額普遍偏低。根據勞動部統計：

- ◆ 平均勞退帳戶結餘不到 50 萬元
- ◆ 若無額外儲蓄，恐難以支撐 20～30 年的退休生活

公共保險的核心矛盾：保多、繳少、又不想改

為什麼改革難？原因在於三大制度矛盾：

> 第三節　健保、勞保、年金：你繳的錢夠嗎？

- **選票壓力**：年金改革動輒引發抗爭，政治人物避而不談
- **代際衝突**：長者不願減少領取，青年又怕繳了沒得領
- **福利迷思**：民眾誤以為「繳保費＝存錢」，而非「共保共擔」的風險機制

這些制度問題非技術性，而是政治與社會共識的選擇題。改革需要共體時艱，但也必須有長期財務模擬與公平分攤設計。

那我們該怎麼辦？三個方向應對不確定未來

- **保守看待公共保險**：不要只依賴健保與勞保，應準備「自選保障」，如實支實付醫療險、退休儲蓄計畫。
- **主動關心制度改革**：參與公共討論、了解法案進度、支持具改革承諾的政策與候選人。
- **提早準備多元收入來源**：建立投資習慣、第二專長與被動收入結構，讓未來不只是依賴國家給付。

制度會變，責任要自己扛

健保、勞保與年金制度是社會安全網的重要支柱，但它們不是保證、也非永恆不變。

在等待改革與制度優化的同時，個人與家庭仍需做出主動準備。理解社會保險的經濟基礎，不只是理財的一部分，更是現代公民應具備的財政素養。

第六章　政府與你：公共政策的經濟邏輯

不管制度未來怎麼變，你現在做的準備，都會是那時候最關鍵的安全感來源。

第四節　基礎建設與物價：
　　　　政府花錢的乘數效應

政府花錢，真的只是花錢嗎？當你看到臺鐵改建、捷運延伸、高鐵延線、數位中樞、淨零基礎建設……你是否想過，這些不是單純的「支出」，而是經濟學裡重要的政策工具——擴張性財政政策的一部分。

政府每投入一元，可能會帶動遠超過一元的經濟產出，這就是「乘數效應」(multiplier effect)。但乘數效果不是保證，也有條件，甚至可能造成反效果——如推高物價、錯置資源、民間投資擠出等。

本節我們將從基礎建設與政府支出出發，理解政府為什麼花錢、花在哪裡會有效、又怎麼避免「花了沒感覺」的無效財政。

什麼是乘數效應？

乘數效應的概念是：政府的一筆支出，會透過連鎖反應，帶動多輪消費與投資，進而擴大總體經濟的規模。例如：

第四節　基礎建設與物價：政府花錢的乘數效應

政府投資興建捷運，帶動建設、材料、人工需求→建築工人領到薪資→消費能力提升→店家收益上升→店家再擴張或進貨

這樣一輪接一輪，最終創造出大於原始金額的 GDP 增加。經濟學家稱這為「支出乘數」，通常在景氣低迷、民間投資疲弱時最有效。

臺灣的真實案例：基建如何推動區域發展

- **高鐵通車後的中彰投地區**：原本產業外流、人才北漂，通車後因通勤時間大幅縮短，企業設廠意願上升，房價、人口與生活機能逐步成長。
- **桃園航空城計畫**：雖爭議不斷，但實際帶動區域內徵收、開發、民間物流與倉儲業進駐，創造大量工作機會與就業人口回流。

這些都證明基礎建設若搭配良好區域政策，能成為實質經濟動能與人口回流的推力。

乘數效果也會有副作用：通膨與擠出效應

若政府大量支出發生在經濟過熱、產能已滿、勞動市場吃緊時，反而可能引發物價上漲（通膨）、排擠民間投資，這稱為「排擠效應」（crowding-out effect）。

第六章　政府與你：公共政策的經濟邏輯

例如：

- 勞動力短缺時政府開工，搶走民間企業人才，推高薪資→企業成本上升→物價傳導效應發生
- 土地開發與基建需求推高地價，反而壓縮新創與中小企業資源

因此財政政策的時機與對象選擇極其重要，不可一味「撒錢」。

如何讓政府支出發揮真正效益？

- **選擇乘數高的支出類型**：如教育、基礎建設、科技研發，通常能帶來長期產出與就業提升。
- **結合民間投資**：採用公私協力（PPP）、提供誘因讓企業投入，發揮「槓桿放大」作用。
- **提高公共支出的透明度與監督**：避免重複、浪費、綁標，確保每一分錢用在刀口上。
- **區域平衡政策配套**：讓財政資源不只是集中在已發展地區，而是帶動整體均衡發展。

政府的錢，也可以創造經濟活水

政府花錢，不應只是應付選民、撫慰民怨，更該是為社會創造未來產能的投資。

理解乘數效應的本質，我們就能評估公共建設不是「做不做」的爭議，而是「怎麼做比較有效」、「何時做才值得」的選擇題。

當每一筆支出背後都有邏輯與預期，那麼政府花的錢，就不只是預算數字，而是讓經濟成長、就業增加、區域均衡的助燃劑。

第五節　為什麼會有補貼與罰款？

當你看到政府補助電動機車、青年租屋、低收入戶電費減免，你可能會覺得這些「補貼」是福利。但另一面，若你看到政府針對不戴安全帽罰鍰、碳排過多加課碳費、酒駕祭出高額罰款，你又會發現政府同時扮演懲罰者。

為什麼政府有時候給錢、有時候開罰？這背後其實有清楚的經濟邏輯。補貼與罰款不是對與錯、仁慈與嚴厲的選擇，而是政策在處理「行為誘導」時的兩種工具。

本節將說明補貼與罰款的功能差異、政策設計原則，並從臺灣日常政策出發，認識這些手段如何影響我們的選擇與社會資源分配。

第六章　政府與你：公共政策的經濟邏輯

補貼：獎勵社會想要更多的行為

經濟學上，補貼的功能是「內部化正向外部性」（internalize positive externalities）。當一種行為對整體社會有益，但個人短期誘因不足時，政府可透過補貼提高誘因。

常見補貼類型：

- **教育補助**：讓更多人願意接受教育，提升人力資本
- **綠能補貼**：鼓勵民眾購買節能產品、裝設太陽能
- **農業補助**：穩定農糧生產，保障糧食安全與價格穩定
- **育兒津貼**：減輕家庭負擔，提高生育率

臺灣 2024 年政府補助預算中，最多的就是社福與能源轉型，這反映出政策價值排序：想讓哪些行為變多，就給它誘因。

罰款：讓不想要的行為變得更貴

與補貼相對，罰款是一種「內部化負向外部性」的手段。當某種行為帶來社會成本（如汙染、危險駕駛），但個人沒有為其買單時，政府便需透過課罰來反映其真實成本。

常見罰款設計：

- **交通違規罰款**：提升駕駛安全
- **汙染費（碳費、水汙費）**：減少環境破壞
- **菸品健康捐**：降低菸害，提高醫療外部成本負擔者比例

第五節　為什麼會有補貼與罰款？

◆ **建築違規罰款**：維護公共安全與都市治理秩序

罰款其實不是「罰你一個人」，而是「讓你承擔你對社會造成的成本」。

政策設計如何拿捏補貼與罰款？

好的補貼與罰款設計，需符合幾項原則：

◆ **行為連結清楚**：補貼或罰款與行為必須有可衡量對價關係（例：每裝一臺太陽能板補多少元）
◆ **誘因足夠、但不過度**：補貼不足無法誘發行為，過度則浪費資源（例：過高補助導致炒作）
◆ **執行與監管能力到位**：否則制度會被規避、濫用或失去效果
◆ **公平性考量**：避免補貼只讓特定群體得利、罰款只針對弱勢族群不當懲罰

以臺灣的電動機車補助為例，初期大量補貼確實快速推升銷量，但後期也出現地方預算吃緊、消費者等待名額等問題，顯示誘因設計需配合財政與市場實況調整。

「誘因經濟」與公共選擇

無論是補貼或罰款，其實背後都有一個核心目的：讓個體的選擇更接近社會最適（social optimum）。

第六章　政府與你：公共政策的經濟邏輯

這是現代政策設計常用的「經濟誘因」(economic incentive) 邏輯——不是靠命令強制，而是透過價格、制度與補償來引導行為。

政府不該期待人民自動做好事，也不該用威權去壓制一切錯誤，而是設計制度讓「做對的事變容易，做錯的事變昂貴」，這才是有效率且尊重選擇的治理方法。

補貼與罰款都是政策語言

政府沒有絕對的「給」或「罰」，而是在說：「我們希望這樣的行為出現更多、那樣的行為減少一點。」

理解補貼與罰款的經濟邏輯，我們就能看懂政策背後的誘因設計，也更能參與政策討論，提出更符合公共利益的建議。

畢竟，政策不是單向規定，而是社會價值與資源分配之間的動態對話。

第六節　福利政策的經濟學思考

當你領到育兒津貼、申請租屋補助、享有長照服務、參加老農津貼或社會住宅抽籤，你就是福利政策的受益人。福利制度不是遠在天邊的慈善事業，而是現代國家治理與經濟穩定的重要支柱。

第六節　福利政策的經濟學思考

但福利政策為什麼需要存在？會不會養懶人？錢從哪裡來？誰該拿？這些爭議其實都是公共經濟學的重要問題。理解福利政策背後的經濟邏輯，有助我們理性看待它的必要性、局限性與改革方向。

福利不是贈與，而是風險管理與機會平等

在經濟學中，現代福利國家制度主要處理三種問題：

- **市場風險無法自保**：例如生病、失業、年老、失能等
- **初始條件不平等**：出身貧困家庭、教育資源落差
- **消費能力不足導致經濟疲軟**：全民消費減弱將影響整體經濟動能

因此，福利政策不是「國家請客」，而是建立一種「共擔風險、共享發展」的制度設計。它讓所有人在面對人生不確定性時，有基本安全網，也讓整體社會運作更穩定。

臺灣的福利政策版圖

根據 2024 年行政院主計總處資料，中央政府社會福利支出已占總預算超過四分之一，主要包括：

- 育兒津貼與托育補助
- 老年年金（含老農津貼）與敬老卡

第六章　政府與你：公共政策的經濟邏輯

- 身心障礙福利補助
- 長照 2.0 計畫與居家照護
- 青年租屋補助、社會住宅

這些支出不只是對個人的幫助，更是對家庭照顧、社區支持、整體人口結構轉型的回應。

福利政策的經濟挑戰

儘管多數民眾支持福利擴張，但經濟學指出，所有福利都不是「免費的」，其背後涉及三大挑戰：

- **財政永續**：人口老化下，照顧對象變多、繳稅者變少，導致財源不足
- **誘因錯置**：補助若設計不當，可能降低就業意願或產生福利依賴
- **分配不均**：補助發放過程中，資源可能集中在資訊充足、申請能力強的族群，反而排擠真正弱勢

例如：某些地方的育兒補助為普發制，結果收入中上者反而獲得更多資源；又如租屋補助制度若無實價登錄配合，反而讓房東調高租金，變相補貼房東。

第六節　福利政策的經濟學思考

怎樣的福利才「划算」？

經濟學者強調，好的福利制度應符合三大原則：

- **精準對象**：聚焦需要幫助的人，而非全面灑錢
- **提高能力**：補助結合教育、就業、托育、照顧機制，幫助受益者脫困
- **避免替代性錯誤**：設計不應讓人放棄自立選擇（例如：補助高於上班所得）

以「長照 2.0」為例，若搭配家屬喘息服務、就業彈性補貼，反而可提升照顧家庭的工作參與與家庭穩定性，產生正向外部效果。

福利國家不是負擔，而是投資未來

OECD 與 IMF 研究均指出，若福利設計良好，其實能提升整體經濟成長潛力。例如：

- 穩定基層家庭消費信心
- 降低貧困帶來的社會成本（治安、健康、教育補救）
- 促進女性與高齡者的勞動參與

福利制度應被視為一種「生產性投資」，而非消極性轉移。

第六章　政府與你：公共政策的經濟邏輯

給得好，才有未來

福利政策不能只是「發錢救急」，而是「打造韌性社會」的基礎建設。

當我們用經濟學角度看待福利，就不會只是問「發不發」，而是進一步問：「怎樣發才對」、「誰該優先」、「如何創造長期效益」。

理解這些，才是真正成熟的公共討論。畢竟，福利不是政府的恩惠，而是我們這個社會給自己的承諾。

第七節　政策設計如何避免「副作用」

公共政策的目的原本是為了解決問題，但在現實中，我們常看到政策反而製造出新的問題。補貼變成炒房工具、社福資源淪為人頭操作、限塑政策讓業者轉向更厚重包材……這些都是「政策副作用」的真實展現。

經濟學與公共政策研究指出，設計一個政策不只要問「是否有效」，更要問「會不會被誤用」、「有沒有替代性反應」、「會不會產生不公平或效率損失」。這一節，我們將介紹如何運用經濟學思維設計出更聰明、負擔得起、可持續的公共政策。

第七節　政策設計如何避免「副作用」

政策副作用從哪裡來？

副作用常來自於「目標清楚但工具設計錯位」的情況。常見原因包括：

- **誘因設計錯誤**：補助發下去，反而鼓勵不該發生的行為（如：低價租屋補助導致房東反向漲價）
- **資訊不對稱**：政策設計者與執行者、使用者之間訊息落差，導致錯誤理解與操作空間
- **行政落實能力不足**：政策好但無法監督執行，變成形式主義
- **目標矛盾**：一邊要發展產業，一邊又限縮排碳，導致政策互相抵消

臺灣曾出現的例子包括：

- 早期青年租屋補貼遭房東反向抬價，或不願簽正式租約，排擠合法房客
- 育兒津貼導致部分家庭放棄工作領取補助，影響勞動參與率
- 補貼節能家電後，業者「預先調漲」售價再打折，形同轉嫁補助

這些問題不是政策本身錯，而是「實施工具沒想清楚」。

第六章　政府與你：公共政策的經濟邏輯

三個原則讓政策更聰明

- **行為預測與誘因一致**：設計時必須理解政策對「人的行為」會產生什麼反應。像是美國「食物券制度」就採非現金給付，避免資源被挪用。

- **動態調整與事後評估**：建立政策檢討機制，根據資料與實地回饋修正設計。像臺灣的電動機車補助即因財政負擔過高逐年縮減，並轉向高汙染汰換車主。

- **整合跨部門配套設計**：政策需搭配稅制、行政、教育與市場環節同時調整。否則孤立的單一補助效果有限，甚至反效果更大。

設計者要有「制度想像力」

好的政策設計者，不是寫規則的人，而是能預測規則會如何被使用、被繞過、被扭曲的人。

這就是機制設計（mechanism design）的價值：不只是讓規則公平，而是讓「做對的事變得更容易」；不是靠道德規勸，而是靠制度環境引導出好行為。

舉例來說：

- 德國垃圾分類制度採「收費隨量徵收」，讓居民自動減量並願意回收

第七節　政策設計如何避免「副作用」

- ◈ 芬蘭高中免學費配合「學業動態監測」,提高學生進入高教比率
- ◈ 臺灣酒駕處罰從罰款轉向「吊銷駕照＋公開公布」,大幅降低違規率

這些設計不只是罰與補,而是「引導與塑造」行為的制度設計。

好的政策,是能自我修正的政策

政策不是一次到位,而是動態回饋下的修正系統。

當我們從經濟學出發,不只是問「政策目標對不對」,更要問「工具選對了嗎」、「執行能跟得上嗎」、「會不會產生副作用」?

唯有這樣,我們才能打造出更務實、更有效率、也更被社會信任的制度環境,讓每一筆稅金用得其所,也讓政策真的解決問題,而不是製造新問題。

第六章　政府與你：公共政策的經濟邏輯

第七章
全球經濟與你我有關

第七章　全球經濟與你我有關

第一節　一件 T 恤的全球之旅：從棉田到衣櫃的供應鏈故事

一件 T 恤背後的世界地圖

你或許每天都穿著 T 恤，卻從未想過它的旅程。這件看似平凡的衣物，可能來自美國德州的棉田，經由孟加拉或越南的工廠縫製，透過新加坡的物流中心中轉，最後在臺灣的服飾品牌門市中上架販售。這樣的全球連結，不只是商業運作，更是當代經濟全球化的縮影。

經濟學家皮翠拉・瑞沃莉（Pietra Rivoli）在她的著作《一件 T 恤的全球經濟之旅》（*The Travels of a T-Shirt in the Global Economy*, 2005）中詳細追蹤了一件 T 恤的全球旅程，說明一件簡單商品如何跨越經濟制度、文化與政策的重重邊界。這樣的故事，也正在我們的生活中每天上演。

全球分工：誰負責種棉？誰負責車縫？

從生產者角度來看，全球分工（global division of labor）讓每一環節都專注於其最具比較優勢的部分。以 T 恤為例，美國是世界最大的棉花出口國之一，擁有高效率的機械化農業系統，能夠以低成本大量生產優質棉花。而在薪資較低的新興市場國家，如孟加拉、越南與印尼，則發展出大量成衣代工廠，承接

第一節　一件 T 恤的全球之旅：從棉田到衣櫃的供應鏈故事

歐美品牌的大宗訂單。

這種分工在理論上達到效率極大化，實務上卻也衍生出不少爭議。例如：孟加拉 2013 年的「熱那大廈倒塌事件」造成超過千人死亡，引發全球對時尚產業工作條件的關注。這讓消費者意識到，每一件廉價 T 恤背後，可能存在極低薪資與高風險勞動環境的代價。

匯率與勞動：成本變動如何影響消費者價格？

T 恤售價除了原料與薪資，還深受匯率波動影響。例如：臺灣進口的成衣多數以美元計價，當新臺幣對美元貶值時，廠商進貨成本將上升，反映在售價上，就是你在商店看到的「全館全面調漲」。這便是進口型通膨的具體展現。

此外，當新興市場的薪資逐漸上升，品牌會將生產線轉向成本更低的國家。2020 年後，隨著越南薪資逐年攀升，不少服飾品牌已轉向柬埔寨、緬甸甚至非洲衣索比亞尋找新代工基地。這種「逐低而居」的轉移，是全球化生產邏輯下的常態。

品牌與認同：
為什麼同樣的 T 恤，有人願意多花三倍價？

你是否發現，即使平價服飾品牌提供百元 T 恤，仍有人願意為某些品牌付出千元以上的代價？這說明，現代商品不只是

功能品,更是身分象徵與價值選擇。經濟學中所謂的「品牌溢價」(brand premium),是建立在消費者對品質、設計、理念與社會責任的信任基礎上。

近年來,「永續時尚」(sustainable fashion)興起,不少消費者選擇購買公平貿易、有機棉與低碳足跡的服飾。臺灣本地品牌如「零廢時裝 Story Wear」就致力於回收舊衣再製,以環保概念為核心,打開了一條不靠低價競爭的服飾生產路線。這種消費行為的轉變,也在潛移默化中改變全球供應鏈的邏輯。

貿易政策與運輸風險:
一艘貨櫃船也能改變 T 恤價格

別小看一條塞港的運河。2021 年,蘇伊士運河因長賜輪擱淺造成全球運輸鏈大亂,服飾、家具與電子產品等大量延誤交貨,進而推升價格。這突顯了全球化供應鏈的脆弱性,也讓「供應鏈韌性」(supply chain resilience)成為企業重視的新議題。

臺灣服飾品牌「NET」在疫情期間,也曾因東南亞封城導致供應中斷,被迫調整商品上架時程與產品組合。這些情況讓我們明白,一件 T 恤要順利擺在貨架上,不只是企業與工廠的努力,更是全球制度、航運、政治與自然因素交織的結果。

第一節　一件 T 恤的全球之旅：從棉田到衣櫃的供應鏈故事

地緣政治與關稅：衣服變貴，其實跟政治有關

經濟學與政治從來不是兩條不相干的線。美中貿易戰期間，美國對中國製衣產品課徵額外關稅，讓許多品牌轉而在越南與孟加拉尋找替代供應商。這不只是貿易流向的調整，更牽涉到全球投資配置與產業布局的再平衡。

在臺灣，企業也必須因應全球政治局勢來調整策略。例如在與歐盟貿易中若涉及碳關稅議題，企業需證明其產品符合低碳生產標準，否則將面臨額外進口成本。這些政策規範也將影響最終商品價格。

穿在身上的，是一堂經濟課

T 恤從棉花變成衣服的過程，是一場橫跨全球的經濟實驗。它結合了分工效率、勞動條件、匯率變動、品牌價值、貿易政策與消費選擇。透過這樣一件再尋常不過的日用品，我們得以看見全球經濟如何實質運作，也更理解個人選擇與世界變化的微妙連動。

下次你穿上 T 恤時，不妨多想一層：這件衣服是誰種的棉、誰縫的布、誰決定了它的價格、又是什麼樣的世界規則讓它來到你身邊。經濟學，從不是抽象的數字，而是你每天都穿在身上的生活現實。

第七章 全球經濟與你我有關

第二節 匯率、貿易戰與進出口：從新臺幣看世界連動

匯率是什麼？為什麼一元差別會影響你買 iPhone？

當你打開電視財經臺，經常會看到主播報導「新臺幣升值」、「美元走強」、「日圓破底」，但這些對我們生活有什麼實際影響？匯率（exchange rate）其實就像不同國家的「錢的交換比率」，而它的波動，直接改變我們買東西、出國、投資的成本。

舉例來說，若新臺幣對美元從 1 美元兌 30 元升值為 28 元，代表臺灣可以用更少的錢換到一美元。對消費者而言，這表示進口商品（如美國筆電、牛肉、iPhone）變便宜；但對出口業者來說，臺灣商品在國外會變貴，訂單可能因此減少。

2023 年新臺幣對美元一度貶值至 32 元，引發國內消費者在通路上感受到價格微漲，尤其是仰賴進口的 3C 產品、航空票價與能源價格。這就是匯率波動透過「價格傳導鏈」進入你我生活的具體例證。

為什麼臺灣出口強，卻會受制於匯率？

臺灣是一個出口導向型經濟體，根據經濟部統計，出口占 GDP 比重超過六成。台積電、聯發科、鴻海等科技大廠的收入

第二節　匯率、貿易戰與進出口：從新臺幣看世界連動

大多來自歐美訂單，而這些訂單通常以美元結算。當新臺幣升值，企業收到的美元換回來就會變少，獲利空間因此被壓縮。

這也就是為什麼臺灣央行經常被形容為「盯著美元動作」——一旦臺幣升得太快，央行可能會進場調節，避免出口產業失去競爭力。

同樣地，韓國三星、南韓中央銀行也面臨類似狀況，這說明在全球化經濟下，匯率操作已是經濟政策的重要工具，而不再只是市場自然機制。

貿易戰是什麼？打的不是關稅，是供應鏈信任

從 2018 年起，美中貿易戰拉開序幕，美國以中國長期貿易順差與科技擴張為由，對數千億美元的中國進口產品加徵懲罰性關稅，中國則以加徵報復性關稅反制。這場關稅對抗，不只是兩國間的博弈，更對全球貿易結構造成深遠影響。

美中貿易戰導致許多跨國企業為了避免關稅衝擊，紛紛將生產基地從中國轉移到越南、印度、墨西哥等地。這就是「供應鏈去中國化」或「中國＋1策略」，而臺灣企業如仁寶、可成、宏碁等也積極參與這場供應鏈重組潮流。

但更大的問題在於：貿易戰改變了企業對「可預期市場規則」的信任。企業不再只考慮成本，而必須納入政治風險、地緣緊張與規範差異，這讓國際貿易進入了「高不確定時代」。

第七章　全球經濟與你我有關

進出口怎麼影響臺灣的日常價格？

舉例來說，若俄烏戰爭導致全球小麥供應中斷，進口麵粉成本上升，臺灣早餐店的蛋餅價格就會調整；或當油價上漲，航空公司票價與物流成本增加，也會讓你網購的運費與零售價格同步墊高。

這種從全球商品價格→進口成本→零售售價的傳導過程，經濟學上稱為「輸入型通膨」(imported inflation)。而進出口不只是貨物的買賣，它背後牽動的是匯率政策、能源價格、政治風險與供應鏈策略等多重因素。

根據 2024 年主計總處資料，臺灣進口原物料成本每上升 5%，消費者物價指數（CPI）平均將上升約 1.2%。這意味著：你感受到的物價波動，很可能來自千里之外的戰爭、貿易糾紛或匯率調整。

生活中的貿易連結：你的早餐，來自五個國家？

打開你的早餐桌——咖啡豆來自哥倫比亞、吐司麵粉來自美國、奶油來自紐西蘭、起司來自荷蘭、雞蛋則是本地生產。這就是「全球供應鏈在地化」的具體表現：你日常的消費，早已與世界高度連結。

臺灣作為高度依賴進口的島嶼型經濟體，約有九成能源、八成糧食需仰賴國外供應。這意味著，全球貿易情勢的每一波

第二節　匯率、貿易戰與進出口：從新臺幣看世界連動

震盪,都會反映在超商價格、房租、運輸費與服務費用上,無人能置身事外。

臺灣如何應對貿易戰與匯率變化?

政府與企業的角色愈來愈重要。行政院近年推動「新南向政策」,以多元市場策略分散對單一國家的依賴;企業則透過生產基地多元布局(例如群創在馬來西亞設廠)、強化本地研發(如聯電強化新竹先進製程)來降低政治風險。

此外,臺灣央行也透過外匯市場干預、貨幣穩定機制,來減緩匯率劇烈波動對產業的衝擊。這些政策背後的邏輯,正是經濟學裡的「穩定外部環境、提高彈性調整能力」。

匯率與貿易,決定你荷包的厚度

你手中的每一張鈔票,不只反映你的收入,也隱含著世界對臺灣商品的評價與信任。從一張 iPhone 的報價,到一碗牛肉麵的成本,再到一張出國機票的價格,背後都潛藏著匯率的跳動與貿易的牽動。

經濟學讓我們理解,這些看似遙遠的國際事件,其實與我們的生活息息相關。當你學會關注匯率、理解貿易結構與價格傳導邏輯,你就不只是消費者,而是更具判斷力的全球經濟參與者。

第三節　通膨、升息與物價變動：
超商漲價背後的經濟邏輯

什麼是通膨？當十塊錢只能買半杯咖啡

你是否有這樣的經驗：記得幾年前用五十元可以買到一份早餐，現在卻常常得花到七十元以上？這正是通貨膨脹（inflation）的直接表現，也就是一般物價水準隨時間上升，導致貨幣購買力下降。

根據行政院主計總處的統計，臺灣在 2022 年全年消費者物價指數（CPI）上漲 2.95%，創下近 14 年來新高。尤其是食物、能源與住宿等基本生活項目漲幅最明顯。雖然這個數字相較於土耳其、阿根廷等高通膨國家來得溫和，但對日常生活已造成可感知的壓力。

經濟學家常以「錢變薄了」來形容通膨的實質效果。當薪資成長追不上物價上漲，實質購買力就會下滑，進而影響民眾的消費行為與生活品質。

為什麼會通膨？需求、成本與預期心理的三重奏

通膨的成因多樣，但大致可以分為三種類型：

- **需求拉動型通膨（Demand-pull inflation）**：當經濟景氣好、大家願意消費，市場需求高過供應，就會推升物價。舉例

第三節　通膨、升息與物價變動：超商漲價背後的經濟邏輯

來說,疫情過後報復性旅遊需求暴增,機票與飯店價格迅速上升。

◆ **成本推動型通膨（Cost-push inflation）**：當原物料或勞動成本上升時,企業為維持利潤,只能將成本轉嫁給消費者。例如 2022 年俄烏戰爭推高能源與糧食價格,使全世界油價、麵粉、飼料同步上漲。

◆ **預期心理型通膨（Built-in inflation）**：當民眾預期未來物價會持續上升,就會提前消費或要求加薪,進一步推升整體成本與物價。

這三種機制經常交互作用,形成一種自我強化的螺旋循環。就如經濟學家彌爾頓・傅利曼（Milton Friedman）所言：「通膨從來都是貨幣現象,但總是伴隨著人們的心理。」

升息是為了壓通膨？但也可能壓到你買房的夢

當通膨過高,央行通常會採取升息（interest rate hike）的方式來「降溫」經濟。因為利率上升會提高借貸成本,抑制投資與消費,進而減緩物價上漲速度。

2022 年至 2023 年間,美國聯準會（Federal Reserve）為對抗高通膨,連續多次升息,使基準利率從 0% 升至 5% 以上。此舉也引發全球資金流動與匯率波動。臺灣中央銀行隨後跟進升息四次,使房貸族負擔明顯加重。

第七章　全球經濟與你我有關

對一般民眾來說，升息的直接感受就是房貸壓力增加、信用卡利率上升、消費貸款變得不划算。而對企業而言，融資成本提高會影響擴張與投資意願。

升息雖有助穩定物價，但也可能抑制經濟成長，這就是所謂「抗通膨與促成長」之間的兩難。

臺灣的通膨與薪資成長：永遠追不上的距離？

雖然臺灣的通膨率相較國際屬於中低水準，但長期以來「薪資凍漲」卻是民眾心中更深的痛點。根據主計總處資料，2023年臺灣實質薪資仍未恢復至金融海嘯前水準，青年族群對於「月光族」與「窮忙族」現象普遍無奈。

當物價逐步上升，而薪資無法等幅調整，實質購買力就會萎縮。例如便當從60元漲到80元，卻無對應的薪水成長，最終將影響儲蓄、投資與生活選擇。

臺灣政府近年推動基本工資調升與薪資透明化改革，並強調「物價與薪資雙軌並進」，但在全球供應鏈重構與地緣政治風險影響下，壓力依舊沉重。

通膨如何改變你我的消費行為？

你可能已經察覺自己開始換品牌、減少非必要開支，甚至開始自己煮飯、選擇團購或比價網站。這些消費習慣的微調，

第三節　通膨、升息與物價變動：超商漲價背後的經濟邏輯

其實正是通膨壓力下的理性調適行為。

2023 年一項由臺灣某電商平臺針對年輕族群的調查發現，高達 78％的受訪者認為「比價」與「省錢」成為消費主軸；而約 62％的受訪者開始減少外食，改為批量採買食材以節省開支。

這些變化不僅反映在個人行為上，也迫使企業調整策略，例如推出小包裝、凍漲組合或訴求高性價比商品，以適應新的消費結構。

日本與阿根廷的極端案例：通膨與通縮的兩面鏡子

經濟學裡，通膨與通縮是兩種不同但同樣令人頭痛的現象。日本在 1990 年代泡沫經濟破裂後，進入長期通縮時代，民眾預期物價將下跌，因此延後消費，進一步導致經濟疲軟。這也說明了預期心理對經濟的重大影響。

與此相反，阿根廷長年深陷高通膨泥沼。2023 年其年通膨率超過 100％，當地人習慣在領薪當天立刻購物或兌換外幣，以防錢快速貶值。這樣的惡性通膨（hyperinflation）會侵蝕民眾信任，導致貨幣制度崩壞。

臺灣目前雖未面臨極端通膨或通縮，但兩個案例提醒我們：穩定的價格與可預期的經濟環境，是每個現代社會最基本的保障。

第七章　全球經濟與你我有關

> 物價變動下，學會當個精明經濟人

　　通膨與升息雖聽來抽象，實際上卻深深嵌入你我生活的每一個細節：一碗麵的價格、一筆房貸的利息、一張旅遊機票的波動。學習理解這些變化的背後邏輯，不只是為了應付未來不確定的經濟局勢，更是讓自己成為更有主動權的生活規劃者。

　　如經濟學家保羅‧薩繆森（Paul Samuelson）所言：「學會經濟學，不是為了預測未來，而是為了在不確定中做出更好的選擇。」

第四節　日本泡沫與美國金融風暴的啟示：從繁榮幻影到危機真相

> 看似繁榮的年代：
> 日本 1980 年代與美國 2000 年代初

　　1980 年代末期的日本與 2000 年代中期的美國，看似風平浪靜、經濟繁榮，股市與房市屢創新高，資金流動快速，信貸極為寬鬆，消費與投資熱潮不斷上升。人們普遍認為，只要買進房地產或股票，就能快速致富。

　　在日本，日經指數於 1989 年底攀上近 39,000 點的歷史高

第四節　日本泡沫與美國金融風暴的啟示：從繁榮幻影到危機真相

峰,而東京的不動產價格更高得驚人,有段時間甚至有說法指「皇居價值高過整個加州」。企業積極擴張、銀行狂放貸款、房地產炒作風氣盛行,形成明顯的資產泡沫。

美國則於 2001 年科技泡沫破裂後實施長期低利率政策,以刺激房市與消費。這造就了前所未有的「次貸熱潮」,貸款標準日益寬鬆,甚至連沒有固定收入的民眾也能取得房貸。這場繁榮,最終成為災難的伏筆。

泡沫是什麼？經濟學中的「價格與價值脫鉤」

泡沫經濟 (economic bubble) 指的是某種資產價格遠遠高於其內在價值,主要是因為過度的市場樂觀、投機行為與信貸擴張所致。這種「價格與基本面脫鉤」的現象,看似繁榮,實際上卻極度脆弱。

根據羅伯特・席勒 (Robert Shiller) 的觀察,泡沫形成常伴隨著「非理性繁榮」(irrational exuberance),人們因為恐懼錯過機會而盲目投資,不再關注資產的實際價值。當信心崩潰時,價格迅速下跌,市場恐慌擴散,引發經濟連鎖崩壞。

日本泡沫就是典型例子。當政府於 1990 年起升息並限制銀行放貸後,資金斷流、資產價格暴跌,日經指數幾年間腰斬,東京不動產泡沫破滅,引發長達十年以上的經濟衰退 —— 也就是所謂的「失落十年」。

第七章　全球經濟與你我有關

美國金融風暴：次貸危機如何蔓延成全球災難？

2008 年的金融海嘯起於「次級房貸危機」(subprime mortgage crisis)，即美國大量銀行將風險極高的房貸打包為金融商品（如 CDO），再透過全球金融體系銷售給各國投資人與銀行。

當美國房價開始下跌、貸款人無力還款，這些金融商品迅速變成「毒資產」，引爆信用危機。雷曼兄弟於 2008 年倒閉引起市場恐慌，進而造成全球股災、信貸凍結、經濟急凍。

這場危機並不只是金融界的錯誤，而是市場、政府、監理機關與民眾的集體盲點。艾倫・葛林斯潘（Alan Greenspan）曾坦言，對市場自我修正能力的信任過高，是政策設計的一大誤判。

臺灣經驗：我們在泡沫邊緣學會什麼？

臺灣雖未經歷如日本或美國規模的泡沫崩潰，但也曾面對資產價格劇烈波動。2007～2014 年間，臺灣房價屢創新高，雙北市出現「萬華買不起、內湖飆上天」的怪象，不少年輕人被迫成為「屋奴」或選擇「無殼蝸牛」人生。

政府曾試圖透過豪宅稅、實價登錄與限貸政策進行調控，但社會仍對房價與經濟結構失衡深感焦慮。此外，2021 年起的低利率與資金寬鬆又再度推升房市熱度，讓人對「臺灣版泡沫」的可能性更加警覺。

第四節　日本泡沫與美國金融風暴的啟示：從繁榮幻影到危機真相

這些經驗提醒我們：適度的監管、理性的投資心態與資訊透明制度，是防止泡沫再現的三大要件。

教訓與啟示：從「事後救火」轉為「事前預防」

日本與美國的泡沫崩潰後，皆投入鉅額資金救市。日本推出數次財政刺激計畫與零利率政策，美國則實施量化寬鬆與金融體系整頓（如陶德－法蘭克法案）。然而，事後補救雖然減緩傷害，但要恢復經濟信心卻需多年時間。

這也說明，經濟政策不能僅靠「灑錢救急」，更應著重於事前預警系統。現代中央銀行如歐洲央行（ECB）與英國央行（BoE）都設有金融穩定局，針對系統性風險定期評估，這是一種制度性的學習。

臺灣金管會近年推動「壓力測試機制」、建置「系統性重要金融機構清單」，也正是從危機中學到的制度性防衛。

經濟不是線性，而是循環：理性與貪婪之間的平衡

經濟發展並非單向上升的直線，而是充滿循環與調整的波動過程。泡沫的出現不是偶然，而是當「集體信心」高於「真實價值」時的必然結果。

正如經濟學家海曼‧明斯基（Hyman Minsky）提出的「金融

第七章 全球經濟與你我有關

不穩定假說」（Financial Instability Hypothesis）所言，穩定會孕育不穩定。當市場看似平靜時，反而是風險最容易醞釀的時刻。

這提醒我們，無論是個人理財、企業決策或政府政策，都應保持謹慎與透明，理解每一次「看起來很好賺」的機會，可能背後都藏著高風險的代價。

泡沫之後，是反思與制度重建的開始

日本的「失落三十年」與美國的「雷曼風暴」證明了：無論多強大的經濟體，一旦忽視資產價格失衡、放任金融槓桿擴張與政策過度寬鬆，都可能步入危機深淵。

這些歷史事件不是過去式，而是持續影響我們今日的經濟政策與投資行為。唯有從泡沫中學習，建立穩健制度與風險意識，才能在下一次經濟熱潮來臨前，做出更有智慧的選擇。

第五節　為什麼外資進出臺灣這麼快：熱錢流竄背後的動能與風險

外資是誰？為什麼他們一動，臺股就震盪？

「外資賣超五百億」、「外資連三日大舉加碼」這些新聞標題常出現在財經版面，但外資究竟是誰？他們的動作為什麼能左右股市、匯率，甚至影響你手上的基金淨值？

第五節　為什麼外資進出臺灣這麼快：熱錢流竄背後的動能與風險

外資（foreign institutional investors）泛指在本國以外地區註冊或設立的法人投資者，如對沖基金、退休基金、主權基金或國際資產管理公司。以臺灣為例，外資在臺股占比一度高達四成以上，是市場中最具影響力的角色之一。

這些資金來源多元、規模龐大，動作靈活且敏感，會根據全球利率政策、政治風險、區域成長前景與匯率變動調整部位。因此，外資「買進」或「賣出」，往往成為市場風向球，引發散戶與法人連鎖反應。

外資進場的時候：看中什麼樣的臺灣？

外資願意投入一國市場，通常基於以下幾項因素：

- **經濟成長潛力**：如臺灣的半導體與資通訊產業具備全球競爭力，外資對其未來成長性具有高度期待。
- **匯率與利率優勢**：當新臺幣相對穩定、利率具有吸引力，資金會傾向流入以尋求利差與資本利得。
- **法規與市場透明度**：臺灣近年積極與國際接軌，如導入 IFRS 會計準則、推動公司治理評鑑等，使外資操作更具保障。
- **區域政治情勢**：相對於中國與東南亞部分國家存在法規不確定性與政治風險，臺灣提供了穩定的民主與法律環境。

舉例來說，2020 年 COVID-19 疫情衝擊全球經濟，但臺灣疫情控制得宜，加上台積電股價強勁，吸引外資大量買超，臺

第七章　全球經濟與你我有關

股站上歷史新高。這說明外資會依據全球與在地環境的相對評價，靈活調整配置。

外資出場的時候：誰把錢抽走了？

然而外資也不是長情的夥伴。他們進場快速，撤退時更果斷。常見的外資撤出原因包括：

- **升息循環啟動**：當美國聯準會升息，美元資產報酬提升，部分資金會回流美國，導致新興市場資金外流。
- **地緣政治不確定性**：臺海局勢若出現升溫、外交關係緊張，會造成風險評估提升，促使外資減碼。
- **市場評價過高**：當臺股本益比飆升至歷史高點，外資會選擇獲利了結，轉往相對便宜的市場。

例如 2022 年，因美國快速升息與美元強勢，外資全年在臺股賣超超過 1.2 兆元，導致新臺幣貶破 32 元、臺股回落至萬三以下，直接衝擊投資人信心與匯市穩定。

臺灣為何特別容易受外資影響？

與部分亞洲國家如中國設有限制外資直接投資不同，臺灣資本帳高度開放，外資進出相對自由。這固然吸引了國際資金，但也讓市場對外資流動更加敏感，形成「熱錢效應」(hot money effect)。

第五節　為什麼外資進出臺灣這麼快：熱錢流竄背後的動能與風險

此外，臺股中大型權值股如台積電、鴻海、聯發科皆為外資最愛，外資部位占比高，一旦他們調整部位，就會大幅影響指數與個股波動。這種「集中效應」讓臺股容易出現「漲時看外資、跌也看外資」的情況。

根據金管會數據，外資對台積電持股一度超過七成，這表示只要幾家主力資金調整策略，就能撼動整個市場。

匯率與股市的雙重壓力：熱錢進出影響不只是投資

外資的移動除了影響股價，也會牽動新臺幣匯率。當外資大舉匯入，將美元換成新臺幣以買股，會造成新臺幣升值；反之，撤資時將資金匯出，則導致新臺幣貶值。

這對進出口企業與一般民眾皆有實質影響：

- **出口業者**：新臺幣升值壓縮獲利，可能導致訂單流失或獲利下滑。
- **進口業者與消費者**：新臺幣貶值提高進口成本，導致商品價格上漲，推動通膨壓力。

例如 2023 年初新臺幣急升至 30 元以下，出口廠商普遍反映接單壓力升高，而同年中匯率回貶，又造成進口物價上揚，連帶影響民生物資與能源成本。

第七章　全球經濟與你我有關

政策如何因應熱錢衝擊？

為穩定外資對市場的衝擊，政府與中央銀行通常採取以下策略：

◆ **匯市調節機制**：當匯率出現短期劇烈波動時，央行會透過調節市場供需、外匯存底調度來平抑匯率。

◆ **總體穩定政策**：如調整利率、管理資本流向、強化金管會對金融市場監督。

◆ **風險溝通與透明資訊**：透過定期發布財政與經濟數據，強化國內外對臺灣經濟體質與穩定性的信任。

這些機制讓臺灣即便面對 2022 年外資大逃殺，仍能維持基本金融穩定與資本市場運作。

在熱錢時代中練就長線思維

外資是一把雙面刃，能帶來資金與技術，也能帶來波動與壓力。在全球化與資本開放的架構下，熱錢將持續流動，我們無法關起門來，但能提升市場體質、分散風險、強化長期投資觀念。

學習理解外資動向，不是為了追漲殺跌，而是為了在面對震盪時更有判斷能力與信心。正如金融作家約翰・柏格（John Bogle）所言：「短線波動無可避免，但長線策略才能累積財富。」

第六節　新興市場與已開發國家的差異：經濟發展的雙軌世界

誰是「新興市場」？又是誰定義的？

在國際金融與經濟討論中，我們常聽到「新興市場」（emerging markets）與「已開發國家」（developed countries）這兩個分類，但它們的劃分其實並不如黑白分明。

一般而言，已開發國家指的是經濟成熟、基礎建設完善、制度穩定、人民平均所得高的國家，如美國、日本、德國、英國、加拿大等。新興市場則多指經濟快速成長、產業仍在轉型、金融市場逐步開放的國家，例如印尼、印度、巴西、南非、越南與部分中東與東歐國家。

這樣的分類多由國際機構如國際貨幣基金（IMF）、摩根士丹利資本國際（MSCI）等根據經濟規模、所得、資本市場自由度與政治穩定度加以區分。然而，許多國家如南韓、臺灣、新加坡等地，常在「新興」與「已開發」間游移，顯示經濟發展是一個連續光譜，而非二分法。

經濟成長與制度基礎：兩種速度的發展

新興市場的最大特徵是「高成長與高波動並存」。例如越南在近十年間 GDP 年均成長超過 6%，大量吸引外資設廠，並快

第七章　全球經濟與你我有關

速擴大中產階級。然而這些國家往往也存在法律制度不穩、政治風險偏高、基礎設施待改善等結構性挑戰。

已開發國家則通常擁有更完整的社會安全網、制度化治理與金融規範，雖然成長速度較慢，但風險較低。例如德國雖近年成長趨緩，但憑藉其工業基礎與社會制度，在全球經濟動盪下仍展現出強韌性。

經濟學家丹尼‧羅德里克（Dani Rodrik）指出，開發中國家若能突破制度瓶頸與基礎建設缺口，將具備「後發優勢」與成長潛力；但若缺乏制度性改革，即便高成長也易成為「中所得陷阱」的受害者。

金融市場與外資敏感度：新興市場的脆弱連結

新興市場雖具備高報酬機會，卻也對全球金融變動特別敏感。以 2022 年美國升息循環為例，導致大量熱錢回流至美元資產，許多新興市場貨幣貶值、債務成本上升、資本外流加劇。例如阿根廷與巴基斯坦雙雙面臨主權債務違約風險。

原因在於，新興市場往往需仰賴外資融通建設資金與產業發展，外資一旦退場，就容易出現流動性斷層與匯率失控的雙重壓力。這些國家也常因缺乏完備監理與金融體制，使得資金市場高度波動。

相對而言，已開發國家的金融體系較具韌性，政府與中央

第六節　新興市場與已開發國家的差異：經濟發展的雙軌世界

銀行可透過財政政策與貨幣政策穩定市場。例如美國聯準會與歐洲央行即使升息，也能提供充分溝通與預期管理，減少市場衝擊。

臺灣在哪裡？
新興市場體質＋已開發制度的混血型經濟體

臺灣是一個特例。MSCI 分類將臺灣列為新興市場，但實質上在制度建設、法治、基礎建設與人均所得方面皆已接近已開發國家水準。臺灣擁有世界級半導體產業、高科技出口導向經濟與穩定民主制度，已成為全球供應鏈中不可或缺的一環。

但同時，臺灣也面對新興市場特有的挑戰，如對外資依賴度高、對原物料與能源進口依存、地緣政治風險高等，因此也具備一定的外部衝擊敏感性。

2023 年，面對全球通膨與升息壓力，臺灣資金市場出現短期震盪，但相對鄰近亞洲新興國家，表現仍屬穩健。這正反映出臺灣在制度與市場發展上的「雙軌特性」。

消費與就業結構：中產階級的分布與未來潛力

從消費者結構來看，新興市場因中產階級崛起，內需市場快速擴張，特別是教育、醫療、數位支付與零售消費。在印度，數位錢包用戶已突破 5 億人，改變了城市與鄉村的經濟樣貌。

第七章　全球經濟與你我有關

已開發國家則多面臨人口老化、勞動力成本上升、產業轉型等挑戰，內需市場雖穩定，但成長空間有限。這也使得許多跨國企業將目光轉向新興市場尋求新動能。

對臺灣而言，內需市場雖相對有限，但擁有高素質勞動力、數位化程度高、消費者具備較強科技接受度，企業可藉由創新服務、跨境平臺與產業升級創造新價值。

投資策略與風險思維：兩種經濟體的應對模式

對投資人而言，新興市場具備「高報酬／高風險」特徵，適合具風險承受力者作為資產配置的一部分；而已開發國家則適合作為資產保值與長期配置的基礎。

例如：多數大型機構投資人會將資產分散至全球，包括40％已開發市場股票、20％新興市場股票、其餘放入債券與不動產，目的即在於平衡風險與報酬。

而對政策制定者而言，新興市場需加強制度韌性與市場穩定機制，避免被外資進出節奏綁架；已開發國家則需積極促進創新、培養新成長動能以突破經濟飽和。

雙軌經濟世界中的定位與選擇

新興市場與已開發國家，並非一個階段的起點與終點，而是兩種各具挑戰與潛力的經濟模式。認識兩者的差異，能幫助

我們在生活、投資與政策判斷上更具洞察力。

臺灣正站在這個雙軌世界的交會點,結合新興動能與制度優勢,如何穩住基礎、升級產業、強化制度、爭取國際信任,將決定我們在未來全球經濟秩序中的角色與位置。

第七節　全球化是好是壞?生活感受說分明

全球化的日常:從早餐桌到手機螢幕

清晨,你手中的咖啡可能來自哥倫比亞,搭配的吐司使用加拿大小麥製成,塗上的奶油則來自紐西蘭。這樣的早餐組合,展現了全球化如何深入我們的日常生活。全球化讓商品、服務、資金與資訊跨越國界,形成緊密的經濟網絡。

美國記者佛里曼在其著作《世界是平的》(*The World Is Flat*)中指出,全球化使世界變得「平坦」,資訊與資源的傳遞不再受地理限制。從商品進出口、跨國企業設廠、國際分工、文化輸入到勞動力遷徙,全球化滲透至我們生活的每一個角落。

然而,全球化並非對所有人都是福音。它帶來的便利與挑戰,往往同時存在。

第七章　全球經濟與你我有關

全球化的便利：多樣選擇與成本效益

對消費者而言，全球化帶來了更多元的選擇與更具成本效益的商品。以臺灣為例，作為全球電子零組件的重要生產基地，許多國際品牌的筆記型電腦、智慧型手機與家電產品，核心零組件如晶片、電路板與感測器，皆來自臺灣本地製造。這樣的全球供應鏈配置，使得消費者能以合理價格購得高品質產品。

此外，數位平臺的興起，如亞馬遜、蝦皮與 PChome 國際站，讓消費者能輕鬆購買來自世界各地的商品，進一步促進了全球貿易的便利性。

全球化的代價：產業外移與社會不平等

然而，全球化也帶來了產業外移與社會不平等的問題。當企業為了降低成本將生產基地遷往勞動成本較低的國家，如越南、孟加拉或墨西哥，原本的本地工人可能面臨失業或薪資下降的困境。

美國前總統川普於 2025 年重返白宮後，推行「對等關稅政策」(Reciprocal Tariffs)，對包括臺灣在內的多個貿易夥伴課徵高額關稅，臺灣的稅率達 32％。此舉旨在促使製造業回流美國，保護本地就業。然而，這樣的政策也可能引發全球貿易緊張，對出口導向的國家造成衝擊。

在臺灣，部分傳統產業如紡織與機械製造，面臨外移與競

第七節　全球化是好是壞？生活感受說分明

爭壓力，導致地方經濟發展不均，青年人口外流，形成城鄉差距與世代矛盾。

文化全球化：多元融合與在地挑戰

文化全球化使得不同國家的文化元素相互融合，豐富了人們的生活體驗。韓劇、日劇、好萊塢電影與歐美音樂在臺灣廣受歡迎，影響了本地的娛樂、時尚與生活方式。

然而，這樣的文化交流也可能對本地文化造成衝擊。傳統語言、習俗與價值觀可能在全球主流文化的影響下逐漸式微。為了保護本地文化，臺灣政府與民間團體積極推動地方創生計畫，如嘉義的「創藝市集」與臺東池上的稻米品牌重塑，透過在地文化的再發掘與創新，維護文化多樣性。

全球化的未來：區域化與供應鏈重組

COVID-19疫情與俄烏戰爭暴露了全球供應鏈的脆弱性，促使各國重新思考全球化的模式。美國總統川普於2025年推行的「對等關稅政策」，進一步加劇了全球貿易的緊張局勢。

在此背景下，企業開始尋求供應鏈的區域化與多元化，以降低風險。例如：臺灣的電子製造商如台積電與鴻海，積極在美國與東南亞設立生產基地，分散生產風險，應對貿易政策的不確定性。

第七章　全球經濟與你我有關

全球化的雙面性與我們的選擇

全球化是一把雙面刃，既帶來了便利與繁榮，也引發了挑戰與不平等。面對全球化的雙面性，我們需要在享受其帶來的好處的同時，正視其可能帶來的問題，並尋求平衡與解決之道。

正如諾貝爾經濟學獎得主阿馬蒂亞・森（Amartya Sen）所言：「全球化並非邪惡之源，而是一個需要更公平與人性制度來管理的過程。」透過制度的完善、政策的調整與文化的保護，我們可以在全球化的浪潮中，找到屬於自己的定位與方向。

第八章
數位時代的經濟新現象

第八章　數位時代的經濟新現象

第一節　你的注意力也是一種資源：數位經濟中的無形戰場

每一次滑動，就是一次「資源分配」

當你早晨醒來打開手機、滑過 Instagram、點進 YouTube 影片或讀完一篇 LINE 新聞，這些看似無意識的行為，實際上都在參與一場龐大的資源交易──你的「注意力」正被兜售。

經濟學中，資源通常被定義為稀缺且有用途的事物。過去，我們關注的是金錢、土地、勞力；但在數位時代，注意力也成為最稀缺的資源。因為無論資訊有多豐富，人一天的注意力總量是有限的，每一秒的專注都具有經濟價值。

行銷學者司馬賀（Herbert Simon）早在 1971 年就提出「注意力經濟」（attention economy）的概念，指出資訊爆炸將使注意力成為關鍵瓶頸。這一觀點在今日數位平臺主導的社會中顯得更為鮮明。

為什麼免費平臺要搶奪你的注意力？

你或許想過，為什麼 Google、Facebook、YouTube 這些服務都免費，但市值卻動輒數千億美元？答案在於，它們的主要商品並不是你使用的平臺，而是你──更準確地說，是你的「注意力」。

第一節　你的注意力也是一種資源：數位經濟中的無形戰場

平臺透過演算法設計，讓你停留更久、點擊更多，進而累積大量使用行為資料，這些資料則用來「販售」給廣告主，以鎖定推播最適合你的內容。換句話說，你不是消費者，而是商品；你貢獻的是時間與眼球，換來平臺的收益。

根據《華爾街日報》的調查，Facebook 平均每位用戶一年可為公司創造超過 130 美元的廣告收入，而這筆錢的來源，是你每天看過的廣告、互動的貼文與點擊的連結。

手機不是讓你自由，而是讓你被綁架？

現代手機 App 多半採用「誘發停留」設計：無限滾動的新聞頁面、即時通知、計分機制、紅點提示、獎勵成就。這些設計不是偶然，而是精心編排，目的是讓使用者陷入注意力的循環。

哈佛商學院研究指出，社群媒體的互動設計容易觸發「多巴胺快感」，這種心理反應與賭博成癮機制相似。當我們為了一個讚、一條留言、一段回應而反覆打開手機，其實已將注意力讓渡給平臺設計師與廣告演算機制。

而這種讓渡，對個人生活、學習、專注能力甚至身心健康都產生長遠影響。你的注意力不只決定你的資訊選擇，也正在重塑你對世界的理解與價值偏好。

第八章　數位時代的經濟新現象

注意力如何變現？你滑過的時間不只是娛樂

在傳統經濟中,「時間就是金錢」是一種隱喻;在注意力經濟中,「時間就是金錢」是一種實際商業模型。YouTube 創作者的收益來自觀看秒數,TikTok 與 IG 影響力者的收入則與觀看率、互動率直接相關。

即使不是商業創作者,只要你持續創造流量,就可能吸引合作邀約或平臺紅利計畫。例如臺灣 YouTuber「阿滴英文」與「志祺七七」透過穩定內容輸出與觀眾黏著度,不僅影響力擴散,更實現商業模式的多元化,包括廣告、課程、出版與商品化。

這種「個人品牌貨幣化」的模式,正逐步打破傳統工作與收入的界線,也改變了勞動的形態:你的每一段影片、每一次直播、每一篇貼文,都是一種「注意力資產」。

企業如何衡量你的注意力價值？

現代數位行銷不再僅依賴人口統計學資料,而是強調「行為輪廓」(behavioral profile)。透過 cookies、點擊軌跡、瀏覽時間、關注對象等細節,企業可高度精準地推測你的消費潛力與關注焦點。

這也衍生出一套完整的 KPI 衡量標準,如:

◇ CTR（點擊率）:你是否對廣告產生興趣?

◇ Time on Page（停留時間）:你是否深入閱讀?

第一節　你的注意力也是一種資源：數位經濟中的無形戰場

- Engagement（互動率）：你是否參與分享或留言？
- Conversion Rate（轉換率）：你是否最終購買或訂閱？

這些數據不僅影響企業的廣告投資策略，也重新定義了市場的競爭邏輯：產品不再只是實體物件，而是「能吸引注意力的媒介」。

保護注意力的主權：你的選擇比你想像的重要

當注意力成為商品，我們也必須學習成為注意力的主人。這不僅是生活管理，更是數位素養的重要一環。

學者卡爾・紐波特（Cal Newport）在其著作《深度工作力》（*Deep Work*）中強調深度工作的價值，並提倡「注意力節育」與「數位極簡主義」，呼籲人們重建對科技使用的主導權，將注意力分配給真正重要的人事物。

實務上，你可以從以下幾點開始：

- 關閉非必要通知，減少被動干擾
- 固定特定時段檢查社群或新聞
- 安排無手機閱讀或專注時段
- 使用 App 追蹤自己每日使用時間，培養意識

唯有主動管理注意力，我們才能在數位經濟中，不只是被演算法牽著走的消費者，而是清醒的參與者。

第八章　數位時代的經濟新現象

> 注意力不是瑣碎，而是權力

在資訊泛濫、節奏急促的今日社會，能夠集中注意力已是一種稀有能力。而注意力的分配，不只是生活習慣，更是一種價值選擇：你願意把寶貴的時間給誰、為什麼給、是否回報值得。

注意力是一種新時代的貨幣，也是一種主權。懂得經濟學的人，必須學會計算的不只是金錢與報酬，還包括你的「目光」，因為那將決定你未來真正擁有什麼。

第二節　社群平臺如何「免費」賺錢？
　　　　　隱形交易的商業邏輯

> 你沒付錢，為什麼它們還賺錢？

你是否曾想過：每天使用的 Facebook、Instagram、YouTube 或 X（前身為 Twitter）這些平臺明明免費，但它們卻成為全球最賺錢的企業之一。2024 年，Meta 的營收超過 1,350 億美元，幾乎全數來自廣告。這不禁讓人疑惑：當我們沒付錢，它們到底靠什麼在賺？

這背後的關鍵，在於「你就是商品」的商業模型。這種模式本質上是將「免費使用」作為誘因，換取你的注意力與行為數據，

第二節　社群平臺如何「免費」賺錢？隱形交易的商業邏輯

並將其轉化為可販售的商品。這套機制正是注意力經濟與資料經濟的交集點。

廣告是平臺的命脈：從版面到演算法

在傳統媒體時代，報紙與電視透過廣告版面販售觀眾的「收視眼球」；進入數位時代後，社群平臺則將廣告轉為更加個人化、即時化與行為導向的形式。

Facebook 與 Google 這類平臺，透過使用者的互動紀錄、搜尋紀錄、興趣標籤與關注行為，建立詳細的個人行為輪廓（user profile）。這讓廣告主得以「鎖定」精準族群，大幅提高轉換率與廣告效率。

這種「精準投放」模式，使平臺廣告成效遠超過傳統媒體，因此也吸引大量品牌投入。例如：某家化妝品品牌可以只向 20 歲以上、居住臺北、經常關注美妝影片的女性推送廣告，廣告預算效益自然提升。

演算法為何讓人欲罷不能？因為它會學你

社群平臺最厲害的不只是廣告，而是它背後的演算法。這些演算法根據你的點擊、停留時間、滑動速度、互動習慣不斷學習，進而調整你看到的內容順序，目的是延長你的使用時間。

第八章　數位時代的經濟新現象

YouTube 的推薦機制、Instagram 的 Reels 推播、TikTok 的 For You 頁面，無一不是透過演算法試圖抓住你的目光。演算法的設計目標其實很單純：讓你多看一秒，再多一點互動，因為每一秒注意力背後，都有可能附帶一則廣告展示。

這些平臺的本質不是社交，而是媒體，且是極度個人化的媒體。每一位使用者的「首頁」都是專屬設計、由演算法「量身定做」的注意力場景。

你的資料是它們的金礦

除了廣告，社群平臺另一筆龐大資產來自使用者數據。雖然表面上看不到金流，但這些數據早已成為平臺估值與競爭力的核心。

Meta 與 Google 會將使用者數據販售或提供給第三方廣告網路與分析公司，用以制定市場策略、產品開發方向與消費者行為預測。這使得它們在 AI 與資料經濟的競爭中，具備壓倒性優勢。

2023 年，《金融時報》報導指出，X 平臺（原 Twitter）開始向特定 AI 開發商收費提供語料庫與使用行為數據，用於訓練大型語言模型。這說明，未來社群平臺可能進一步將使用行為資料貨幣化，不只服務廣告主，更成為 AI 產業的基礎建設提供者。

第二節　社群平臺如何「免費」賺錢？隱形交易的商業邏輯

平臺經濟的規模效應與網路效應

社群平臺之所以壟斷市場，除了商業模式成功，還因為兩種關鍵效應：

- **規模經濟（economies of scale）**：平臺使用者越多，每個新使用者產生的邊際成本越低，整體獲利能力更強。
- **網路效應（network effect）**：每增加一位使用者，平臺對其他使用者的價值就提高。你加入 Facebook 是因為你的朋友在那，這種互連本身就是平臺最大的資產。

這也讓新進者難以打入市場。例如即便出現功能類似的新平臺，如 Mastodon 或 Bluesky，因為缺乏使用者規模與資料基礎，很難形成商業化循環。

「免費」的代價：隱私與操控

當你享受「免費」服務時，真正付出的可能是你的隱私與資訊選擇權。平臺不只蒐集你的資料，還可能在你不知情的情況下分析、交易或使用這些資訊。

更重要的是，平臺可藉由推播機制影響你的觀點與情緒。研究發現，Facebook 演算法曾有能力操控用戶情緒內容比例，進而測試對情緒狀態的影響。這種對資訊流的掌控，已不是單純媒體行銷，而是涉及心理操控與輿論塑形。

第八章　數位時代的經濟新現象

歐盟 GDPR、美國加州消費者隱私法（CCPA）皆嘗試建立平臺責任機制，但對全球平臺而言，仍存在監理落差與執行困難。

當商品是你自己時，經濟學該問的問題是什麼？

社群平臺「免費」的表象下，其實是一場複雜的資源交換：你提供時間、注意力與行為資料，平臺回饋你資訊與社交，但最終真正變現的是你這個人本身。

這種模式打破了傳統消費與生產的界線，也顛覆了經濟學對價值創造與分配的理解。我們不再只是使用者，而是系統中的一部分——被商品化的個體。

作為現代經濟人，我們需要反思：我們願意用多少自主權，換取這些數位便利？我們是否能重新定義一種更公平、透明的數位商業模型？這不只是科技問題，而是一場價值的選擇題。

第三節　演算法怎麼影響消費選擇？
　　　　　你以為是你在選，其實是它替你決定

你真的自由選擇了嗎？

當你在 Netflix 上點開某部影集，在蝦皮搜尋耳機、在 YouTube 上看一支影片，這些行為看起來是自主選擇，其實你只是

第三節　演算法怎麼影響消費選擇？你以為是你在選，其實是它替你決定

在一個演算法設計的框架裡「被選擇」。這並不是陰謀論，而是數位平臺運作的現實。

演算法（algorithm）是一組特定的數學與邏輯程序，用來分析資料並產生推薦結果。在商業平臺中，演算法的目標不是讓你看到你「需要」的東西，而是讓你停留更久、花更多錢。

現代平臺的演算法不只是排序工具，而是行為誘導工具。它分析你的偏好、點擊歷史、購買行為與社交網絡，預測你可能喜歡什麼，進而決定哪些商品、廣告與內容要出現在你眼前。

你的選擇，其實被分層包裝好了

Netflix 的首頁推薦、Spotify 的每週探索、Amazon 的「你可能喜歡」、Facebook 的貼文排序與 YouTube 的推薦頁面，這些都是演算法的「包裝機制」。

演算法通常結合三大資料來源：

- **個人行為資料**（你點過什麼、買過什麼）
- **群體偏好模式**（像你這樣的人通常看什麼）
- **商業優先級設定**（誰付錢讓它被看見）

這代表，演算法不僅是客觀呈現，而是加上商業目的與心理誘導的偏好塑造器。你以為自己是主動選擇，其實只是點了它希望你點的東西。

第八章　數位時代的經濟新現象

2024 年 MIT 一項研究顯示，當平臺將推薦演算法設計為「依使用者消費潛力排序」時，使用者平均花費提高了 22%，顯示演算法不只是預測工具，更是購買行為的刺激器。

你的錢怎麼花，是它設計好的？

以購物網站為例，演算法會根據你的瀏覽紀錄與購買歷史推薦商品，但推薦的未必是最便宜、最符合需求的產品，而是轉換率高與利潤佳的品項。

在臺灣，許多消費者已發現，某些商品在蝦皮或 momo 購物網的排序不是根據價格或評價，而是依「平臺自營」、「廣告投放」優先排序。這種演算法優化目的，是為了提高平臺整體收益，而非最佳滿足消費者利益。

此外，動態定價演算法（dynamic pricing）亦在飯店、機票與電商平臺廣泛使用。系統根據需求、時間、使用者瀏覽次數、甚至你使用的裝置（手機還是電腦）自動調整價格。這讓消費者無法得知是否買貴，也讓傳統的「價格透明」觀念被顛覆。

影音與社群平臺：
影響你怎麼想、也決定你買什麼

YouTube、Instagram 與 TikTok 等平臺的推薦機制，不只是娛樂選擇，也開始牽動消費決策。

第三節　演算法怎麼影響消費選擇？你以為是你在選，其實是它替你決定

許多品牌投入「演算法式行銷」：利用關鍵字、標籤、演算法推播規則製作短影音，增加在使用者首頁出現的機率，進而影響購買意願。例如：「開箱影片」或「不經意推薦」的形式，讓消費者在無意識中產生購買衝動。

根據 2024 年 Statista 調查，全球有超過 60％ 的 Z 世代使用者表示，他們曾因社群平臺影片而購買原本未打算購買的產品。這說明，在演算法主導下，消費不再只是需求驅動，而是平臺引導。

無形的控制：從選擇自由到選擇幻覺

經濟學傳統上認為，消費者是理性決策者；但在演算法環境中，這種理性正逐步被替代。

心理學家貝瑞・史瓦茲（Barry Schwartz）提出「選擇的悖論」理論指出，過多的選擇可能導致焦慮與決策困難。演算法藉由減少選項、優化排序，看似幫助選擇，實則建立一種「看似自由、實則受控」的消費環境。

例如：當你只看到某幾種鞋款推薦，你可能誤以為自己是「精挑細選」，卻沒意識到有數百款鞋根本未曾進入你的視野。這不是資訊不足，而是資訊被預先過濾。

第八章　數位時代的經濟新現象

平臺的雙重角色：仲介與操控者

演算法平臺表面上是中立的技術提供者，實則扮演資訊流的「守門人」。它既是消費路徑的導航員，也是市場資源的分配者。

這種雙重角色帶來兩個問題：

◈ **資訊偏誤風險**：平臺可選擇性地優先某些內容，造成觀點偏斜與認知泡泡。

◈ **公平競爭問題**：小品牌與非廣告客戶即使品質優良，也可能因演算法排序機制被埋沒。

這使得消費者的選擇受到平臺設計的高度介入，也讓自由市場競爭的基礎出現裂痕。

你是消費者，也可能是被預設的選民

演算法改變了我們如何看待選擇，也重塑了經濟學中「消費偏好」、「理性行為」與「市場透明」等核心概念。當平臺成為資訊與商品的主控者，我們每一次滑動與點擊，其實都不是單純的選擇，而是經過設計的回應。

懂得經濟學的人，應該開始問：這些選擇從哪裡來？它們是否代表我的真實偏好？而我，能否在演算法的洪流中，重新拿回消費主權？

第四節　數位訂閱制與零邊際成本：從買斷到共用的經濟模式

為什麼你現在什麼都在「訂閱」？

你還記得上一次「買斷」一套軟體是什麼時候嗎？從 Adobe 的 Photoshop 到微軟的 Office，從音樂到影片，從健身教練到線上課程，越來越多產品都不再以一次性交易的方式販售，而是轉向「訂閱制」模式。

所謂訂閱制（subscription model），是指使用者每月或每年支付一定費用，即可在特定期間內使用服務。這種模式已滲透至我們生活的各個角落：Spotify、Netflix、Disney+、YouTube Premium、ChatGPT、Notion、Canva、Coursera，甚至連穿衣服（如 Rent the Runway）或健身教練服務也都變成訂閱制。

這不只是行銷手法的改變，而是經濟結構的根本變革。背後關鍵在於「零邊際成本」（zero marginal cost）所帶來的規模效益與資源重分配。

什麼是零邊際成本？軟體經濟的隱形優勢

在傳統經濟中，製造每一單位商品都會增加邊際成本（例如製作一雙鞋增加的原料與人工）；但在數位經濟中，許多產品——如音樂、電影、軟體與雲端服務——一旦完成初次開

第八章　數位時代的經濟新現象

發與上架，每多一位使用者所產生的成本幾乎為零。

以 Netflix 為例，無論一部影集有 100 人還是 1 億人觀看，其主體成本（拍攝、剪輯、平臺架構）皆已發生，新增使用者只會略微增加伺服器流量與維護費用，幾乎不影響總體成本。

經濟學家傑里米・里夫金（Jeremy Rifkin）在《物聯網革命》（*The Zero Marginal Cost Society*）中指出，數位商品的零邊際成本讓市場出現「無限擴張但價格低落」的矛盾現象，促使企業轉向長期租賃關係以穩定收入來源。

訂閱制為什麼比買斷更划算（對企業來說）

訂閱制對企業而言，有三大明顯優勢：

- **收入穩定**：透過每月自動續費，企業能穩定預測現金流，降低營運風險。
- **用戶黏著度高**：訂閱制促使用戶養成持續使用習慣，也讓企業得以不斷推出新功能或內容，提高留存率。
- **便於升級與擴展**：企業可以針對不同需求推出多層級方案（如 Basic, Premium, Enterprise），創造階梯式收益結構。

以 Adobe 為例，自從 2012 年轉型為 Creative Cloud 訂閱制後，雖然單一用戶負擔提高，但總體營收與用戶數雙雙上升。2024 年 Adobe 年營收超過 190 億美元，其中超過九成來自訂閱。

第四節　數位訂閱制與零邊際成本：從買斷到共用的經濟模式

訂閱制對消費者的兩難：方便還是綁架？

從消費者角度看，訂閱制帶來的最大優點是彈性使用與低入門門檻。不需一次付清大筆費用，人人都能用到專業工具與內容，甚至可以短期使用後取消訂閱。

然而，訂閱制也可能成為一種隱性負擔。當服務項目越來越多，消費者難以掌握自己總共支付了多少訂閱費。例如：

服務項目	月費（新臺幣）
Netflix	$390
Spotify Premium	$179
Google Workspace	$210
ChatGPT Plus	$640
iCloud 空間擴充	$90

這些看似微小的金額，加總起來卻可能成為家庭固定開銷的一部分，且許多用戶會因懶得取消而持續付費，進一步產生「經濟慣性」。

此外，當內容或功能不再可永久保存，消費者對所購買服務的「所有權」也逐漸被削弱，形成數位經濟中常見的「使用權優先於擁有權」的新型態關係。

第八章 數位時代的經濟新現象

臺灣市場的在地觀察：從影音到教育

在臺灣，訂閱制風潮也愈來愈明顯。KKBOX、Hami Video、LiTV 等本地影音平臺爭相推月租制；雲端文書工具如 DocSend、KKDocs、Aotter 旗下的 JANDI 則提供企業版訂閱服務；連補教業也推出線上課程月租服務，例如「PaGamO」或「LearnMode」。

不只大型企業，中小型創作者也透過訂閱制創造穩定收入，如作家開設會員制電子報（via Substack）、漫畫家在 Patreon 經營群眾贊助。這種「創作者經濟」模式讓內容產製者能跳脫傳統出版與廣告模式，與用戶建立直接關係。

訂閱經濟的未來：AI、自動化與共享模式

未來幾年，訂閱制將進一步與人工智慧、自動化工具與共享經濟結合。例如：

- AI 代碼工具（如 GitHub Copilot）推出開發者月費方案
- ChatGPT 提供進階語言處理訂閱服務
- 自駕車平臺探索「交通即服務」（MaaS）月租制度
- 智慧家居與物聯網設備推出家庭服務合約

這些發展顯示，訂閱制已從媒體延伸至生活中各種「用而非擁」的商品與服務，重新定義了所有權、價值與市場邊界。

第五節　加密貨幣與虛擬資產的真相：數位黃金還是泡沫陷阱？

訂閱的是服務，還是一種生活型態？

訂閱制不只是收費機制，更是一種新的生活經濟型態。它使得我們不再購買「東西」，而是「持續的體驗」與「即時的可得性」。這種轉變帶來效率與彈性，也可能削弱我們對資源分配與金錢管理的敏感度。

經濟學者需重新思考：在零邊際成本時代，價格還能代表什麼？在訂閱世界裡，消費者是否真正具備選擇權？而我們的生活，是否已不知不覺地被拆分成一筆筆自動續費的碎片？

第五節　加密貨幣與虛擬資產的真相：數位黃金還是泡沫陷阱？

一場去中心的金融革命？

從比特幣（Bitcoin）問世至今，加密貨幣的風潮已歷經數度起伏。起初被視為極客圈的邊緣實驗，後來成為投資市場的寵兒，再到幣價崩盤、詐騙頻傳、政府監管逐步介入，加密貨幣與虛擬資產已不再只是科技話題，而是主流金融與經濟秩序的試煉場。

所謂加密貨幣，是建立在區塊鏈技術（blockchain）上的數位資產，最重要的特色在於「去中心化」：不依賴傳統銀行或政

第八章　數位時代的經濟新現象

府發行,而是透過全球節點驗證與共識機制維持帳本運作。比特幣、以太幣(Ethereum)、Solana 等皆屬此類。

這些虛擬資產能夠進行跨國轉帳、智能合約與資產保存,因此被視為挑戰傳統金融體系的新勢力。然而,伴隨而來的波動性與風險,卻也讓這場「金融革命」充滿爭議與懷疑。

虛擬資產為何被稱為「數位黃金」?

比特幣最早的支持者常將其比擬為「數位黃金」,理由有三:

- **總量有限**:比特幣總發行量設定為 2,100 萬枚,不受央行任意增發控制。
- **去中心化與不可篡改性**:區塊鏈技術保證資料透明公開、不受單一機構掌控。
- **作為抗通膨工具**:在法幣貶值或貨幣政策寬鬆的情況下,虛擬資產被視為避險資產。

這些特性在 2021 年全球通膨加劇、美國實施量化寬鬆政策時被廣泛強調,也使得比特幣價格一度突破 6 萬美元。然而,2022 年起當美國聯準會升息緊縮,加密幣市出現雪崩式下跌,顯示其並未如黃金般穩定,仍屬高風險資產。

第五節　加密貨幣與虛擬資產的真相：數位黃金還是泡沫陷阱？

NFT、虛擬地產與 Web3：新一波資產類型？

除了加密貨幣，區塊鏈技術還催生出 NFT（非同質化代幣）、虛擬地產與去中心化自治組織（DAO）。這些新形態的數位資產強調「唯一性」、「不可複製性」與「用戶擁有權」。

NFT 被應用於藝術品、音樂、遊戲道具與票證等領域，使得數位內容首次能以獨立資產形式交易與收藏。例如 2021 年 Beeple 的 NFT 藝術作品〈每一天：前 5000 天〉在佳士得拍賣行以 6,930 萬美元成交，引發全球矚目。

然而，NFT 市場於 2023 年起明顯退燒，多數專案價格腰斬或失去流動性。虛擬地產如 Decentraland 與 The Sandbox 等平臺土地價格亦大幅下跌，顯示市場對這類資產的認同與需求尚未成熟。

加密貨幣的風險：波動、詐騙與監管真空

加密資產雖有創新潛力，但其風險不可忽視。最明顯的是價格劇烈波動。比特幣曾在數週內暴跌三成，許多投資者無法承受虧損而出場。

其次是詐騙與詐騙式專案氾濫。如 2022 年 FTX 加密交易所倒閉案，創辦人山姆・班克曼－弗里德（Sam Bankman-Fried）因挪用客戶資金被判重刑，震撼全球。此案也暴露加密市場欠缺監管與審查的脆弱性。

第八章　數位時代的經濟新現象

在臺灣，2024 年亦發生多起虛擬貨幣詐騙與假投資 App 吸金事件。金管會與警政署合作設立「虛擬資產詐騙通報平臺」，顯示政府逐步意識到該領域的潛在風險與執法困難。

中央銀行數位貨幣（CBDC）：政府版加密貨幣來了？

為回應加密貨幣帶來的衝擊，各國央行也開始推動中央銀行數位貨幣（CBDC）。不同於比特幣這類民間發行的去中心化幣種，CBDC 是由國家發行、受法律保障的法定數位貨幣。

目前中國推出「數位人民幣」、歐洲央行研擬「數位歐元」、美國正進行「數位美元」可行性研究，臺灣中央銀行亦已完成多階段測試，預計在未來幾年內推出數位新臺幣（TWD CBDC）試點。

CBDC 的目標並非取代現金，而是提供更安全、高效率與具追蹤能力的支付工具，同時讓政府能更有效監控非法資金流動與打擊洗錢活動。

加密貨幣未來發展：是金融進化，還是科技泡沫？

加密貨幣與虛擬資產目前處於轉折期：一方面，其底層技術如區塊鏈、智能合約、跨境支付與 DeFi（去中心化金融）被視為金融創新；另一方面，市場泡沫與詐騙事件頻傳，造成社

第五節　加密貨幣與虛擬資產的真相：數位黃金還是泡沫陷阱？

會信任危機。

經濟學者加里・戈頓（Gary Gorton）警告，加密資產缺乏內在價值與儲值功能，可能無法成為真正的貨幣；但技術本身的應用潛力，例如在供應鏈金融、智慧物流與數位身分認證上，仍具實質效益。

換句話說，我們也許不需要每一種幣，但我們可能需要「去中心的交易方式」與「信任架構重組」的基礎。

金融民主化？或數位野蠻生長？

加密貨幣與虛擬資產挑戰了我們對金錢、資產與金融制度的傳統認知。它們象徵一場追求透明、去中介、去信任機構的運動；但在沒有制度配套與教育素養的情況下，也可能淪為泡沫、詐騙與貧富加劇的新工具。

身處這個新經濟時代，我們不只要問：「能不能賺錢？」更應問：「它為誰服務？它能被誰信任？它怎麼被規範？」

當經濟不再只是有形的物與金，虛擬世界裡的那串數字代碼，既可能是你的未來資產，也可能是下個世代要面對的風暴核心。

第六節　數位轉型與傳統產業的轉機：從被取代到被重生

數位轉型不只是買設備，而是改變整個思維

當我們談論數位轉型（digital transformation），很多人第一時間想到的是買一套 ERP 系統、導入 CRM 軟體、開設線上商店。但事實上，真正的數位轉型，不只是技術更新，而是經營思維的根本轉變。

根據麻省理工學院與 Deloitte 於 2024 年的共同報告，數位轉型的關鍵不在於科技，而在於組織文化與流程再設計。也就是說，企業必須重新定義「價值創造」、「客戶互動」、「資料管理」與「決策模式」，才能讓科技發揮真正價值。

特別是在傳統產業如製造、零售、農業與物流等領域，數位轉型往往牽涉到整條供應鏈的重組與組織結構的調整，挑戰的不只是技術落差，而是人心與制度。

臺灣傳統產業如何借力轉型？

臺灣的傳統產業如金屬加工、紡織、工具機、農漁業與地方製造業，雖然不像半導體產業那般耀眼，卻是支撐臺灣中小企業命脈的主力。隨著全球競爭加劇、人口老化與生產外移壓力升高，數位轉型已非選項，而是生存關鍵。

第六節　數位轉型與傳統產業的轉機：從被取代到被重生

近年來，政府推動「智慧機械」、「中小企業數位共學計畫」、「5G 加值應用補助」等方案，鼓勵企業導入自動化、生產資料視覺化與雲端管理。

例如位於臺中的「川湖科技」從傳統汽機車零件加工，升級為智慧製造工廠，透過 AI 分析與物聯網串接，即時掌握機臺狀況，將訂單交期縮短 20%、報廢率降低 15%，成為傳統轉型的模範案例。

零售業的轉機：從通路導向到顧客體驗導向

實體零售曾被視為被電商淘汰的對象，但事實上，數位轉型讓實體零售迎來混合型新機會。例如：

- 全聯導入「PX Pay」行動支付與數位會員制度，打造數據驅動的行銷策略。
- 統一超商整合 iBon、LINE@ 與自家 App，形成線上線下整合的生活平臺。
- 傳統市場如臺北南門市場也導入智慧物流系統與電子看板，提供消費者更即時的價格與商品資訊。

這些變化顯示，零售業不是被淘汰，而是必須重新定義通路價值與消費者關係。數位不再只是輔助，而是銷售與體驗的核心。

第八章　數位時代的經濟新現象

農業與漁業的數位轉型：
智慧不等於高科技，而是更有感

在農業與漁業領域，數位轉型的挑戰更來自基層使用者的數位落差。但一旦導入得當，成果相當顯著。

在智慧農業與漁業轉型的趨勢下，臺灣各地逐步導入科技以提升產業效率與永續性。例如：宜蘭三星的「雙連埤水產社區」導入 AI 水質監測設備，能即時偵測水中溶氧、溫度與酸鹼值變化，大幅降低魚群死亡率，創下歷史新低，並有效提升水產養殖的穩定性與收益。屏東則為智慧農業的推動重點地區之一，當地青年農民與學研機構積極應用感測器、遠端監控與自動灌溉等技術，以實現節水、省工並優化農作生產流程，為農業注入創新能量。

這些例子說明，數位工具只要設計符合在地需求與操作習慣，不一定要高深難懂，也能創造切實效益。成功關鍵在於接地氣的技術設計與持續陪伴式的教育訓練。

傳產也能擁抱 AI 與大數據？

傳統觀念常認為 AI 與大數據是科技業的專利，但事實上，只要有流程、有資料、有重複性，就有 AI 應用的可能。

以桃園的「佳龍科技」為例，該公司為螺絲模具廠，導入 AI 進行缺陷影像辨識與品質預測，原先需 3 位品檢人員逐一檢查

第六節　數位轉型與傳統產業的轉機：從被取代到被重生

的流程,如今由系統自動完成,不僅提升良率,也釋放人力投入技術研發。

另一例為南部一家手工家具工廠,將顧客訂單資料與庫存系統整合,透過 RFM 模型（Recency, Frequency, Monetary）分析顧客價值,針對高價值族群推送專屬方案,創下年營收成長 30% 的佳績。

這些實例顯示,**AI** 不是取代工匠,而是輔助工匠更精準地判斷與創新。

數位轉型會淘汰人,還是讓人更有價值？

數位轉型常被誤解為「裁員」、「機器取代人類」的代名詞,事實上,它真正的目的應是釋放重複性與低附加價值工作,讓人專注於更具創造性與判斷力的任務。

如生產線自動化後,作業員可轉型為機臺監控員或品質分析師;紙本帳務數位化後,財務人員能專注於報表分析與策略規劃。這樣的轉型,若搭配職能再設計與內部培訓,更能形成「人機共作」的嶄新分工型態。

正如世界經濟論壇（WEF, 2023）所指出:「未來的工作不會因自動化消失,而是會因數位轉型而重塑。」

第八章　數位時代的經濟新現象

轉型不是技術決定,而是決心驅動

數位轉型不是科技的勝利,而是組織願不願意改變的結果。傳統產業面對新時代挑戰,若能看見轉型的價值,不再只想「能不能做」,而是主動問「怎麼做更好」,那麼未來將不只是存活,而是創造新生。

就像經濟學常說的「創造性破壞」(creative destruction),每一次技術變革都是對舊制度的衝擊,也同時是重組的契機。真正懂得經濟的人,不應只關心價格與效率,更要能看見轉型背後的人本邏輯與制度演進。

第七節　資訊不對稱與新型詐騙:科技進步了,騙局也升級了

騙局為什麼越來越像真的?

你是否接過「我是某銀行專員」的電話,或曾在社群上看過「某名人推薦投資加密幣」的廣告?你可能以為這些是單純的老派詐騙,但其實這些手法早已升級為一套結合資料分析、心理誘導與科技應用的詐騙系統。

2024 年,臺灣警政署通報的詐騙案件數量創下歷史新高,超過 3.6 萬件,其中超過三分之一與數位科技有關。這些詐騙不

第七節　資訊不對稱與新型詐騙：科技進步了，騙局也升級了

再是單打獨鬥，而是高度組織化，結合個資外洩、社群操控與 AI 仿冒技術，構成一種全新的「經濟陷阱」。

這種詐騙之所以有效，關鍵在於「資訊不對稱」──詐騙者知道你不知道的資訊，並利用這個不對稱來設計說服策略與交易誘導。

什麼是資訊不對稱？經濟學的老問題變成新危機

資訊不對稱（information asymmetry）是指交易雙方掌握的資訊不對等，導致決策失誤與效率損失。經濟學家喬治·阿克洛夫（George Akerlof）在 1970 年的論文〈檸檬市場：品質不確定性和市場機制〉（The Market for Lemons）中指出，當買方無法判斷商品好壞時，劣幣會驅逐良幣，市場信任機制會崩壞。

在數位詐騙中，這種不對稱不再只是「誰知道、誰不知道」，而是詐騙者能操控你看到的資訊與順序，甚至能仿造你熟悉的人與語氣，讓你以為自己是在安全環境中進行交易。

這使得傳統「留意陌生來電」、「不點擊不明連結」的防詐意識變得不夠用，因為新的詐騙模式根本不會讓你覺得陌生。

AI 與深偽技術：你以為你在跟誰講話？

2025 年，AI 合成技術（Deepfake）已能生成極擬真的語音、影片與文字對話，詐騙者利用這些工具模仿名人、主管或親友

第八章　數位時代的經濟新現象

身分,向民眾索取金錢、帳號或驗證碼。

例如:臺北某企業主在 LINE 上接獲「公司會計」傳來影片語音要求撥款,因為聲音與臉部都高度還原而未起疑,結果誤匯出數百萬元。這類 AI 詐騙手法近年在香港、新加坡與歐洲多國亦有發生,引起監管機構高度關注。

這種技術詐騙讓「資訊不對稱」更進一步,因為受害者不再只是資訊不足,而是被動接收錯誤資訊,並相信其真實性。

社群媒體成為詐騙溫床:名人假廣告、假直播、假群組

除了 AI 仿冒,另一常見詐騙手法是在社群平臺利用假廣告、假評論與假粉絲團進行「社會工程攻擊」(social engineering)。透過設計好的輿論環境與情緒操控,引導使用者進入投資詐騙、購物詐騙或冒名直播。

2024 年,行政院消保處通報超過 5,000 起網購詐騙案例,其中逾半數來自社群平臺點擊的「一頁式廣告」——即點即買、即付即失聯。

這些詐騙利用資訊不對稱中的兩大心理弱點:

- ◆ **認知偏誤**:看到熟悉名人、優惠價格,誤以為安全;
- ◆ **從眾心理**:看到大量「用戶留言」與「好評截圖」,產生信任感。

第七節　資訊不對稱與新型詐騙：科技進步了，騙局也升級了

而這些留言與截圖，其實都是由 AI 生成或自動模擬工具批量產製。

高報酬、低風險的假象：詐騙的經濟學包裝術

許多詐騙不再是單純的騙術，而是包裝成看似合理的經濟邏輯。像是：

◈ 「我們這不是詐騙，是區塊鏈智能合約機制，報酬來自算法分潤」
◈ 「這是 DeFi 平臺的 LP 挖礦，不是傳統金字塔」
◈ 「我們只是提供策略訊號，實際操作你自己掌控」

這些術語聽來高深，實則包裝過的龐氏騙局。詐騙集團刻意利用資訊落差與經濟名詞模糊性，讓一般人難以分辨其真偽。

2023 年底臺灣爆發的「AI 機器人交易詐騙案」就是典型例子，平臺以「大數據自動選股」為名義，實則後臺全由人工控制，吸引超過 5,000 名受害者投入資金。

政府與科技企業如何應對這場認知戰？

面對資訊不對稱與科技詐騙升級，單靠民眾「提高警覺」已不足以因應。政府與平臺企業需共同建立「預警－攔阻－追溯」的三層防線：

第八章　數位時代的經濟新現象

- **預警系統建置**：透過大數據分析異常流量與交易，建立即時通報機制；
- **跨平臺合作過濾廣告與假帳號**：Meta 與 Google 已與各國政府合作，建立詐騙廣告過濾標準；
- **強化金融科技識讀教育**：包括金融監理沙盒的延伸至教育體系，讓青少年從學校學會「看懂經濟名詞、辨識資訊誤導」。

臺灣金管會亦在 2025 年 4 月起強化對「加密資產交易平臺」的監管，要求其建置 KYC（認識你的客戶）與即時異常交易偵測機制，期望從源頭減少資金流向詐騙集團。

資訊多，不代表你知道更多

在數位世界中，「資訊不對稱」的問題不再是資訊太少，而是資訊太多，但真假難辨。我們每個人都可能在錯誤資訊的包裝下做出不理性的決策，而這種錯誤在金錢世界中，代價極為高昂。

經濟學教我們市場需要透明、公平與理性選擇。但現代詐騙正是對這些原則的反面教材。唯有建立更強的資訊判讀能力、制度防線與科技識讀素養，我們才能在資訊過載的時代，不成為被獵的對象，而是具備選擇力與判斷力的經濟參與者。

第九章
氣候變遷與未來經濟

第九章　氣候變遷與未來經濟

第一節　你呼吸的空氣也有經濟價值：當清新成為一種稀缺資源

空氣，從免費資源到有價資產

空氣，看似無所不在、取之不盡，但在現代經濟體系中，它早已不再是「純粹免費」。隨著城市空汙、工業排放與氣候異常加劇，乾淨空氣成為一種具稀缺性與可計價性的資源。

根據世界衛生組織（WHO, 2023）報告，全球有超過九成人口居住在空氣品質不合格的地區，每年因空氣汙染導致的早死人數高達 700 萬。這些健康損失與醫療開支實際上是經濟體系中「未計入的外部成本」（externalities）。

經濟學家尼古拉斯・斯特恩（Nicholas Stern）指出，氣候與空汙議題的核心不是環保，而是市場失靈與成本隱匿。我們在生產與消費中不計算空氣汙染的代價，等於將風險與損害轉嫁給下一代與公共財政，形成所謂「空氣赤字」。

為什麼空氣汙染會變成經濟問題？

從經濟學角度，空氣是一種「公共財」（public good），具備非排他性與非競爭性。然而，一旦汙染排放無法內部化，便會出現「搭便車者問題」與「過度使用」。

第一節　你呼吸的空氣也有經濟價值：當清新成為一種稀缺資源

例如：一家工廠排放廢氣汙染周邊地區，卻不需為其醫療與社會成本負責，反而讓全社會共同承擔。這種市場機制失靈使得政府需透過政策介入，包括：

◆ 空汙費與排放許可制
◆ 碳稅與碳交易市場
◆ 環保標準與執行罰則

這些制度本質上是將原本無價的空氣品質「價格化」，以引導生產與消費行為改變，進而改善環境品質與降低社會成本。

空汙與 GDP 的矛盾：成長會傷害空氣嗎？

長久以來，經濟成長與環境汙染常被視為難以兼容的雙命題。根據世界銀行統計，高速工業化階段的國家，如中國、印度與印尼，常出現 GDP 攀升與空氣品質惡化並行的現象。

然而，「環境庫茲涅茲曲線」（Environmental Kuznets Curve）理論指出，當一國經濟發展達到中高收入階段後，其國民對生活品質與環境要求提高，反而會促使政府加強環保立法與技術升級，最終改善汙染狀況。

臺灣即是此一典型案例。自 1990 年代以來，臺灣的經濟結構逐步從製造導向轉向服務與科技產業，加上環保署推動空汙總量管制與工業區排放審核，使 PM2.5 濃度在 2010～2023 年間下降超過 30%。

第九章　氣候變遷與未來經濟

空氣可以被買賣嗎？碳市場的啟示

空氣本身難以定價,但與空氣品質直接相關的「碳排放」卻已成為全球新興的金融商品。碳市場(carbon market)允許企業透過交易碳配額或碳權,來履行排放控制義務或達成永續目標。

目前已有多個國家與區域建立碳交易平臺,包括:

◆ 歐盟碳排放交易系統(EU ETS)
◆ 南韓碳市場(KETS)
◆ 加州與魁北克聯合碳市場(WCI)

碳權價格亦成為投資標的之一。2024 年,歐盟碳價一度突破每噸 100 歐元,反映出市場對碳風險的真實定價行為。

在此架構下,「減少汙染」不再只是社會責任,而是可被資本化與交易的經濟行為。企業透過節能減碳可取得「額外碳權」,進一步在市場出售獲利。

臺灣的空氣治理與碳管理現況

臺灣雖尚未建立完整碳市場,但已逐步朝碳定價制度邁進。2023 年《氣候變遷因應法》通過,明定 2030 年前碳排須大幅下降,並授權環境部設立碳費徵收機制。

環境部表示,第一階段將針對年排放量逾 2.5 萬公噸的高碳排企業(約 300 家)課徵碳費,初步費率為每噸 300 元新臺幣,

第一節　你呼吸的空氣也有經濟價值：當清新成為一種稀缺資源

未來將視市場條件逐步提高。

同時，民間也出現許多自願性減碳平臺與碳揭露制度，如 TGO（臺灣溫室氣體減量登錄平臺）與企業碳揭露（CDP）申報制度，促進企業自我管理與透明化。

這些制度顯示，臺灣正邁向將「空氣品質」與「碳排責任」納入企業財報與市場評價指標的時代。

空氣清淨不只是環保議題，而是經濟與健康的交集

空氣汙染不僅影響環境，也直接牽涉到人力資本與社會支出。根據國際貨幣基金（IMF, 2024）研究，一個 PM2.5 濃度每年高於 WHO 標準的城市，其勞動生產力平均下降 6%，且增加約 12% 的健康保險支出。

對企業而言，空氣汙染意味著勞工健康風險、營運中斷與 ESG 評等降低；對政府而言，則代表醫療預算壓力與社會支持負擔加劇。

反之，改善空氣品質可以提升城市競爭力、吸引人才、帶動綠色技術與智慧感測產業。這些都是空氣有價的重要證明。

空氣看不見，但它已成為經濟中的硬指標

清新的空氣不再只是詩意的願景，而是需要被納入經濟決策與制度設計的核心資源。當我們學會為空氣品質「付出代

第九章　氣候變遷與未來經濟

價」、將其「貨幣化評估」，就能更準確衡量成長的真正成本。

對個人來說，呼吸乾淨的空氣是基本權利；對企業來說，擁有低碳排與高環保的營運模式，是競爭新標準；而對整體社會而言，空氣治理正是氣候經濟學的第一課。

第二節　為什麼要收碳稅？
　　　　經濟學與氣候政策的交會點

誰排放、誰付錢：碳稅的基本邏輯

碳稅（carbon tax）是政府向碳排放者徵收的費用，目的在於內部化外部成本，也就是讓汙染者承擔其對環境與社會造成的傷害。

從經濟學觀點來看，這是一種「皮古稅」（Pigouvian tax），由經濟學家亞瑟·皮古（Arthur Pigou）所提出，主張當一項活動產生負外部性（如汙染、健康損害），政府應透過稅制將外部成本轉為私人成本，迫使行為人調整行為，回歸社會最適水準。

碳稅的核心不在於增加稅收，而在於改變企業與消費者的選擇行為。當碳排成本被具體標價，企業會更積極投資節能技術、改用低碳材料；消費者則可能轉向電動車、節能家電與在地產品。

第二節　為什麼要收碳稅？經濟學與氣候政策的交會點

全球實施現況：碳稅不再是理論，而是制度現實

根據世界銀行（World Bank, 2024）統計，全球已有超過 40 個國家與地區實施碳稅或碳定價制度。其中：

◈ **瑞典**：自 1991 年起開徵碳稅，目前稅率為每噸 130 歐元，為全球最高，成功將碳排下降超過四成，經濟仍穩定成長；

◈ **加拿大**：推行「聯邦碳稅」，並針對弱勢家庭設立碳退稅（climate action incentive）以平衡負擔；

◈ **新加坡**：自 2019 年起針對大型排放者課徵每噸 5 新加坡元碳稅，2024 年起逐步調升至 25 新幣，預計 2030 年前提升至 50 新幣。

這些制度證明，高碳稅率並非經濟殺手，只要搭配合理設計與社會補償機制，反而能帶動產業升級與綠色就業成長。

臺灣的碳費制度：邁向碳稅的第一步？

臺灣尚未正式實施碳稅，但已在 2023 年《氣候變遷因應法》修法後，推動碳費制度。兩者的差異如下：

◈ **碳稅**：由財政部課徵，具稅收性質，須立法院通過；

◈ **碳費**：由環境部依特定法規收取，屬行政管理費，靈活性較高但法源基礎較弱。

環境部規劃 2025 年起對年碳排超過 2.5 萬噸的企業課徵碳

費，初步費率為每噸 300 元新臺幣，未來將視國際趨勢與國內產業準備情況逐步調高。

此舉被視為邁向完整碳稅制度的過渡階段，其設計重點包括：

- **階段式收費**：先從高排放產業入手；
- **費用專款專用**：用於補助低碳技術、綠能投資與產業轉型；
- **透明申報制度**：建立碳排資訊揭露平臺，提升民間監督力道。

碳稅的支持與反對聲音：效率與公平的辯證

雖然碳稅在理論上具高效率，但在實務推動過程中常面臨來自產業與民眾的強烈反彈，主要來自兩大質疑：

- **公平性問題**：低收入戶能源支出占所得比重高，碳稅可能加劇貧富差距；
- **產業競爭力疑慮**：若他國尚未課徵，臺灣企業將面臨成本劣勢。

對此，經濟學家提出多種設計方案緩解副作用：

- 引入「碳退稅」制度：將稅收部分回饋弱勢戶或全體民眾；
- 設置「邊境調整機制」(carbon border adjustment)：針對未課碳稅國家進口品徵稅，避免「碳洩漏」；
- 提供「碳抵換」與「交易額度」：企業可透過投資減碳專案獲

第二節　為什麼要收碳稅？經濟學與氣候政策的交會點

得抵減額度，增加調適彈性。

國際經驗顯示，透明的回饋制度與逐步調整路徑是減緩反對聲音、強化社會接受度的關鍵。

碳稅對企業的真正挑戰是內部結構改革

許多企業擔心碳稅會壓縮利潤，但研究指出，真正影響企業長期競爭力的，不是稅率高低，而是企業是否及早轉型。

根據麥肯錫（McKinsey, 2024）報告，早期導入碳內部定價（internal carbon pricing）、碳帳務制度與排放分析的企業，在碳稅實施後調整成本平均低於未準備企業達 40%。

以臺灣的遠東新世紀為例，其導入 ISO 14064 碳管理標準，進行全廠排碳盤查並轉型為低碳製程，不僅碳費支出降低，亦提升國際訂單能見度與永續評等。

這顯示，碳稅不應被視為懲罰，而是倒逼產業升級的誘因。

碳稅不是負擔，而是市場回歸真價值的過程

經濟學告訴我們，當市場無法自行處理外部性，就需要制度介入。碳稅正是這種制度手段，它不是用來懲罰，而是讓成本不再被隱藏、讓汙染者為其行為負責，讓綠色行動具備經濟誘因。

未來的經濟不再是純粹追求成長，而是能否成長得負責、

永續且公平。碳稅的真正意義不在於金額，而在於重新定義什麼是「代價」，什麼是「值得投資的明天」。

第三節　ESG、綠色金融與永續發展：投資報酬不只是金錢

ESG 是什麼？為什麼企業現在都在談它？

ESG 是企業社會責任的進化版，是環境（Environmental）、社會（Social）與公司治理（Governance）三個面向的整合評估指標。它不再是附屬於財務報表的「好公民加分項」，而是影響企業長期競爭力與市場評價的核心變數。

環境指的是企業如何處理碳排、能源使用、資源耗費與汙染排放問題；社會則涵蓋勞動條件、人權保障、社區關係與供應鏈管理；治理則關注董事會結構、內部監控與資訊揭露等制度健全度。

這三項構成對企業「非財務價值」的綜合評量，影響資金流向、品牌信任度與消費者選擇。過去 10 年，全球主要資產管理公司如貝萊德（BlackRock）、道富（State Street）與挪威主權基金都將 ESG 納入其投資組合評估基準。

第三節　ESG、綠色金融與永續發展：投資報酬不只是金錢

綠色金融是把錢投向永續未來的方式

綠色金融（green finance）指的是以環境永續與社會責任為導向的金融行為，包括綠色債券、永續基金、ESG 評等授信、碳揭露金融產品等。其核心是「讓資本市場變成解決氣候危機的工具，而非加速器」。

根據國際金融協會（IIF, 2024）統計，全球永續金融商品規模已突破 30 兆美元，成為資本市場中成長最快的領域。臺灣的綠色金融市場雖起步較晚，但自 2021 年起快速發展，金管會推動的「綠色金融 3.0 方案」涵蓋以下重點：

◈ 強化企業 ESG 資訊揭露；
◈ 建立永續授信準則；
◈ 鼓勵銀行與保險業開發綠色商品；
◈ 引導資金流向低碳轉型與再生能源。

這使得越來越多金融機構在核貸與投資決策中不再只看財務報表，而是同步評估企業的永續策略與治理能力。

ESG 與企業競爭力的連結：不是成本，而是生存保證

很多企業初聽 ESG 會以為那是額外負擔或形象工程，但國際趨勢顯示，**ESG 表現佳的企業**，其長期財務報酬與風險控制能力更為穩定。

第九章　氣候變遷與未來經濟

根據麥肯錫（McKinsey, 2023）與哈佛商學院研究，導入 ESG 策略的企業在資本成本、供應鏈穩定度、顧客忠誠度與人才吸引力上皆明顯優於同業。例如：

◈ 臺灣的台達電致力於能源效率與碳中和行動，連續多年入選道瓊永續指數；

◈ 全球服飾品牌 Patagonia 以 ESG 理念貫穿製造與銷售，成為環保時尚代名詞；

◈ 國際科技公司如微軟、Google 等已承諾 2040 年前達成負碳排放，吸引大量 ESG 投資資金。

ESG 的價值不在短期股價，而在企業的風險管理、社會授權與資金信任基礎。換言之，沒有 ESG，未來就沒有融資、沒有訂單、沒有人才。

臺灣的 ESG 推動現況與挑戰

臺灣證交所自 2023 年起要求資本額達 20 億元以上上市公司全面揭露永續報告書（即 CSR 報告書），並要求編製氣候風險揭露（TCFD）報告。然而，根據永續發展學會調查，多數企業仍處於「揭露為主、行動為輔」的階段，實質整合 ESG 至商業決策尚待深化。

主要挑戰包括：

◈ 中小企業資源與專業人力不足；

第三節　ESG、綠色金融與永續發展：投資報酬不只是金錢

◆ ESG 評等標準多元，缺乏統一；
◆ 市場對短期報酬仍具高度敏感，欠缺長期價值投資觀念。

為此，政府與業界推動成立「永續會計中心」、「碳排數據交換平臺」與「企業永續輔導團」，協助企業提升永續策略規劃能力。

永續發展不再是理想，而是基本門檻

ESG 與綠色金融的核心，在於推動一種新的經濟價值邏輯——成長不應以犧牲環境與人為代價，而是要在社會、環境與財務三者之間尋找平衡點。

聯合國的永續發展目標（SDGs）提出 17 項目標，涵蓋貧窮、教育、性別平等、乾淨能源與氣候行動等面向。企業若能在其核心業務中回應這些議題，不僅有助形塑企業形象，更能創造創新與跨部門合作的新機會。

例如：LINE Bank 結合無紙化帳戶與數位金融教育；特斯拉不只是賣電動車，更建立再生能源與儲能商模；臺灣本地品牌如「零廢時裝 Story Wear」以回收紡織再設計為理念，創造兼具社會使命與經濟價值的商業模式。

資本市場不是敵人，而是轉型的盟友

氣候變遷與社會不平等問題的本質不是錢太少，而是錢流錯方向。ESG 與綠色金融正是要讓資本重新流向負責任、有遠

第九章　氣候變遷與未來經濟

見與可持續的企業。

當市場將責任納入評價機制，當投資人不再只關注 EPS，而是關注企業如何對社會與地球負責，那麼，經濟成長就有機會與永續發展攜手並進，而不是彼此對立。

第四節　循環經濟是新的商機？從廢棄到創新的一條經濟路徑

線性經濟走到盡頭，循環思維接棒而起

長久以來，我們的經濟運作遵循「開採－製造－使用－丟棄」的線性模式。這種模式雖在工業時代創造龐大財富，卻也帶來資源枯竭、垃圾爆量與碳排惡化等系統性問題。

循環經濟（circular economy）正是在這樣的背景下誕生的一種新經濟邏輯。它強調資源在系統中不斷循環再利用、設計從源頭減廢、價值在使用階段被最大化。這不只是環保理念，而是一種全新的經濟與商業模式。

根據艾倫・麥克阿瑟基金會（Ellen MacArthur Foundation）的定義，循環經濟包含三大核心原則：

◆ 消除廢棄與汙染；

◆ 延長產品與材料的使用壽命；

第四節　循環經濟是新的商機？從廢棄到創新的一條經濟路徑

◆ 再生自然系統。

這不僅意味著「資源回收」，而是系統性地改變整個經濟運作方式。

循環經濟是商機還是成本？

許多企業初聽循環經濟會認為那是為了「做形象」或「增加成本」，但事實上，從長期來看，循環模式反而能提升效率、創造新市場與降低供應風險。

根據麥肯錫（McKinsey, 2023）報告，若全球主要製造業導入循環模式，至 2030 年可為全球 GDP 帶來超過 4.5 兆美元的新價值來源，並大幅降低原物料波動風險。

例如：

◆ 製造業導入模組化設計、延長零件壽命；
◆ 食品業回收剩餘熱能與食材進行再製；
◆ 資通訊產業建立手機零件回收再利用鏈；
◆ 建築業透過「可拆式設計」延長建材循環壽命。

這些不僅減少浪費，也能延伸產品附加價值與客戶生命週期。

第九章　氣候變遷與未來經濟

臺灣的循環經濟實踐：從回收大國到設計驅動

臺灣早期以高回收率著稱，但真正的循環經濟需從「回收末端」往「源頭設計」與「整合商模」發展。

幾個典型在地實例包括：

- **台泥公司**：導入廢棄物共焚機制，將工業廢棄物轉為水泥原料，同時生產熱能供應廠區，實現「一廠多用」的閉環生產。
- **Story Wear**：以回收牛仔褲再設計時尚服飾，融合社會企業模式聘用弱勢婦女縫製，讓產品具有雙重社會與環境價值。
- **大愛感恩科技**：利用寶特瓶製成紡織布料，應用於毛毯、制服與生活用品，結合設計、再製與公益。

這些企業證明，循環經濟不是反商業的「綠色情懷」，而是透過創新、材料科學與商業模型重構，創造全新價值鏈與競爭優勢。

B2B 與 B2C 的循環創新：企業不只是自己轉型，也帶動客戶轉型

在循環經濟的發展中，企業不只要自身綠色化，更應建立與上下游共構的循環生態系。例如：

- 製造商與原物料供應商共同開發可回收材料；

第四節　循環經濟是新的商機？從廢棄到創新的一條經濟路徑

◆ 零售業與消費者建立「回收、再租、共享、再販」循環流程；
◆ 金融業推出循環授信專案，針對回收材料有穩定收購機制的公司提供綠色貸款利率優惠。

近年全球興起的「產品即服務」（Product as a Service）模式，如家電出租、辦公設備循環合約、汽車共享等，也在顛覆傳統銷售導向的商業模式。

這些不僅提升資源使用效率，也創造長期顧客關係與可持續收入流。

政策推動與制度設計：公共部門是關鍵催化劑

循環經濟的發展需仰賴制度支持。臺灣在《資源循環促進法》草案中提出明確目標，包括 2030 年前提升循環材料使用率至 25%，並逐步建立：

◆ 產品全生命週期追蹤制度；
◆ 循環產品認證與標章制度；
◆ 高汙染高耗能產業轉型基金；
◆ 地方政府資源整合與回收基礎建設升級。

此外，金管會與國發會也開始將「循環經濟表現」納入企業永續揭露評估指標，讓資本市場與消費者能看見企業在環境維度的實質作為。

第九章　氣候變遷與未來經濟

循環不只是材料流,更是價值觀的重塑

從經濟學角度來看,循環經濟是一種讓「價值最大化、損耗最小化」的效率追求方式。但更深層的是,它要求我們從以往「擁有－消耗－丟棄」的邏輯,轉向「使用－延續－再生」的價值觀。

消費者的角色也從單純買家變成「使用參與者」,每一次選擇都是對商業模式的投票。當你願意購買回收材質商品、參與產品回租或支持設計可拆卸商品時,你其實已經在成為一位「循環經濟的投資人」。

從線性走向循環,是下一輪經濟的開始

線性經濟在創造效率之後,也帶來了資源極限與環境代價。循環經濟則試圖讓經濟與自然重新協調,創造一種以創新為核心、以延續為目標的成長方式。

這不只是政策的事,更是商業模式、社會習慣與個人選擇共同轉變的結果。唯有當每個部門、每種角色都將「用完不是結束,而是起點」內化為經濟直覺時,真正的綠色繁榮才可能實現。

第五節　氣候風險與企業的策略轉變：從災難回應到治理再設計

> 氣候變遷不是未來式，而是現在進行式

2023 年夏季，全球陸續爆發極端氣候事件：美國加州野火重創電網、印度德里水資源短缺癱瘓交通、歐洲熱浪致使農作歉收與能源供應吃緊。在臺灣，颱風豪雨造成南部淹水與供應鏈中斷，電子業與食品業短期損失達億元等級。

這些現象顯示，氣候風險（climate risk）已不只是環保部門或 NGO 關心的議題，而是企業經營中的核心變數。氣候風險影響的不只是「會不會熱、會不會淹」，而是資本、勞力、產線、供應鏈、聲譽與長期競爭力。

根據國際永續準則理事會（ISSB）定義，氣候風險可分為兩大類：

◆ **實體風險（physical risks）**：如颱風、洪水、熱浪等對營運直接造成破壞；

◆ **轉型風險（transition risks）**：來自法規變化、市場轉向、技術升級與社會期待的壓力。

企業若未對這些風險提早布局，將面臨資產貶值、供應鏈斷裂與市場流失的多重衝擊。

第九章　氣候變遷與未來經濟

全球大企業如何面對氣候風險？

國際大型企業早已將氣候風險納入董事會層級治理。根據 2024 年 CDP（碳揭露計畫）報告，全球市值前 500 大企業中，超過 85% 已建立氣候治理架構與氣候財務揭露制度（TCFD）。

典型實例包括：

◆ **聯合利華**：建立「氣候情境模擬模型」，預測不同氣候情境下的原料供應與物流中斷風險；

◆ **蘋果**：要求供應商 2025 年前全面使用再生能源，並同步進行供應鏈碳盤查；

◆ **IKEA**：承諾 2040 年達成氣候正效益（climate positive），即排放少於吸收，並重構物流系統以減少碳足跡。

這些企業意識到，氣候風險不是例外狀況，而是「新常態」中的經營變數。

臺灣企業的調整現況與挑戰

臺灣企業亦逐漸意識到氣候風險的重要性，特別是出口導向產業在面對歐盟 CBAM（碳邊境調整機制）與國際永續供應鏈壓力時，需迅速建立風險管理機制。

幾個具代表性的在地案例包括：

第五節　氣候風險與企業的策略轉變：從災難回應到治理再設計

- **台達電子**：於 2024 年建立公司內部碳價格制度，並導入氣候風險揭露機制至財報中；
- **和泰汽車**：推動油電車與電動車比重提升，並導入零件供應鏈碳盤查；
- **義美食品**：導入節能冷鏈與綠建築設計，降低能源消耗與碳排。

然而，根據資誠聯合會計師事務所（PwC Taiwan, 2024）調查，仍有超過六成臺灣中小企業未建立氣候風險辨識與應對機制，顯示制度落差與專業不足仍是主要挑戰。

氣候風險如何影響財務報表與投資評等？

在新興的「氣候財務揭露」（Climate-related Financial Disclosures）架構中，企業需揭示其營運中面臨的氣候情境影響，包括：

- 財務影響模擬（營收、資產減損）；
- 應對策略與投資規劃；
- 供應鏈與重大風險點說明。

這些資訊已逐漸被納入投資決策基礎。國際信評機構如 S&P Global、Moody's 與 MSCI ESG Ratings 皆將氣候風險作為企業風險評估指標。

第九章　氣候變遷與未來經濟

例如：若一家公司對氣候變遷無明確回應，投資者可能視為高風險標的，導致融資成本提高、保險費用上升與投資人撤資。

這種風險轉換，說明氣候治理已不再只是企業社會責任，而是與資金、價值與存續直接相關的核心治理項目。

ESG 與氣候風險的交集：整合才有力量

氣候風險往往與 ESG 中 E（環境）指標高度重疊，但不同的是，ESG 更強調行為揭露與合規；而氣候風險則要求預測、量化與模擬能力，進一步挑戰企業在資料整合與策略思考的能力。

未來企業若要同時因應 TCFD（氣候相關財務揭露）與 ISSB 的永續準則，勢必需要跨部門合作，整合財務、風險、營運與永續團隊，發展出兼具氣候視角與經濟韌性的決策模型。

這種內部整合過程，也是企業組織升級的重要契機。

氣候風險不是例外，而是競爭力的新變數

在經濟學中，風險通常是來自資訊不完全、未來不確定性與行為調適延遲。氣候風險正好三者兼具，使其成為最難管理、卻最不能忽視的現代企業挑戰。

但換個角度看，氣候風險同時也是企業突破困境、創造新價值的觸媒。那些能將風險變成學習、轉型與創新的企業，將

成為未來經濟秩序中的領導者。

企業的策略不再只是降低風險,而是建立在「韌性、透明與永續」之上的新治理邏輯。這不只是一場環境革命,更是一場企業生存與轉型的深刻重構。

第六節　綠色消費者的選擇權：
　　　　當購買行為變成一種氣候行動

> 購物不只是經濟活動,也是價值表態

當你走進超市,在兩瓶洗碗精之間做選擇,一瓶標示「環保認證」、「無動物實驗」、「減塑包裝」,另一瓶則價格便宜但無環保標章 —— 這時你的選擇,不只是影響荷包,也在投票支持某種生產方式與價值體系。

這正是所謂的綠色消費(green consumption):以對環境影響較小、資源使用較永續、社會責任較高的產品與服務為優先選擇。從經濟學角度來看,這是一種以道德偏好(ethical preference)介入市場機制的行為轉變。

綠色消費者不再只是價格導向的消費主體,而是兼顧環境、社會與自我認同的「新型經濟參與者」。他們重視產品的來源、製程、碳足跡、包裝與公司形象,期望透過個人行動影響企業決策與政策方向。

第九章　氣候變遷與未來經濟

為什麼綠色消費者越來越多？

近年全球綠色意識快速崛起，特別在 Z 世代與千禧世代之間，氣候變遷不再是遙遠的環境課題，而是與個人健康、生涯選擇與未來生存密切相關的問題。

根據尼爾森（Nielsen, 2023）全球調查：

◈ 超過 73% 的消費者願意支付較高價格購買永續產品；
◈ 在亞洲，臺灣、南韓與新加坡綠色認證商品銷售年增率均超過 15%；
◈ 「低碳足跡」、「公平貿易」、「可再生能源製程」成為新興選擇指標。

在臺灣，環保署 2024 年調查亦顯示，超過 60% 的民眾在選購家用品時會優先考慮是否具環保標章，並有逐年上升趨勢。這種行為趨勢不只是環保意識的覺醒，更反映出對企業與國家政策表達「消費者行動主義」（consumer activism）的集體力量。

消費者真的有力量嗎？市場回應正在發生

過去有人認為消費者只是個體選擇者，無力改變整體市場供給。但近年事實證明，當大量消費者轉向綠色偏好，企業與產業也隨之調整策略。

以下是幾個具體回應實例：

第六節　綠色消費者的選擇權：當購買行為變成一種氣候行動

- **星巴克**全面推動可重複使用杯具政策，2025 年前全球門市禁用一次性塑膠吸管；
- **Uniqlo、H&M、ZARA** 推出循環衣物回收計畫，並設立永續時尚子品牌；
- **PChome、momo 購物網**導入綠色商品分類，並推出碳足跡標示與物流減塑機制。

這些改變不只是來自企業「自發性」，而是市場明確釋出訊號：消費者願意為永續價值付費，也願意淘汰不負責任的品牌。

政策如何放大綠色選擇的效果？

除了消費者本身的覺醒，政府亦可透過制度設計強化「綠色選擇權」的有效性。常見政策工具包括：

- **綠色標章制度**：如臺灣環保標章、歐盟 Ecolabel、日本 E-Mark 等，提升消費者辨識能力；
- **稅收誘因**：對綠色商品提供消費折抵、能源稅減免或購車補貼（如臺灣電動機車補助）；
- **公共採購規範**：政府帶頭採購綠色產品，創造穩定市場需求；
- **資訊揭露與教育**：推動企業標示碳足跡、ESG 報告書公開、校園永續教育深化。

第九章　氣候變遷與未來經濟

　　臺灣政府目前已將「綠色採購」納入各級機關指標，2024 年達成綠色採購金額超過 300 億元新臺幣，顯示制度引導與市場力量可相互強化。

綠色消費的障礙與轉機

　　儘管綠色消費意識上升，仍面臨幾個主要障礙：

- **價格偏高**：永續商品因使用環保材料與複雜供應鏈，往往價格高於一般商品；
- **資訊不對稱**：消費者難以確認企業是否真正落實永續行動（即所謂「漂綠」問題）；
- **可得性限制**：部分地區、通路綠色商品選項仍有限，限制選擇權實踐。

　　面對這些問題，解方包括：

- 推動「碳定價內部化」讓汙染產品反映真實成本；
- 建立透明可靠的第三方驗證制度；
- 拓展綠色通路與生活平臺，降低轉換成本。

　　在資訊科技與 AI 協助下，未來綠色選擇可透過 App 即時分析碳足跡、環保認證與品牌 ESG 表現，幫助消費者做出知情決策。

第六節　綠色消費者的選擇權：當購買行為變成一種氣候行動

綠色不是單一標準，而是多元價值的平衡選擇

綠色消費者並非完美主義者。他們不一定每次都能做到「最綠」，但他們相信每一次選擇都能累積改變的可能性。重點不是100%的純粹，而是系統性的進步與趨勢的集結。

有人選擇減塑、有人轉向本地農產品、有人支持公平貿易、有人減少快時尚購買頻率 —— 這些行動看似微小，實則已構成 21 世紀消費經濟的新輪廓。

選擇權，就是你參與經濟與氣候未來的工具

氣候變遷不只發生在國際協議與能源政策中，它也存在於每一次購物的過程裡。當消費者逐漸認知到自己的選擇不僅是個人偏好，而是對企業、社會與地球的一種訊號，我們便開始走向一種更具自覺與責任感的市場模式。

在這場綠色轉型的路上，政府負責制度，企業負責執行，而你，負責選擇。

第九章　氣候變遷與未來經濟

第七節　臺灣在綠色經濟中的機會：從供應鏈關鍵到永續創新前線

為什麼「綠色經濟」不是選項，而是生存戰略？

當氣候變遷成為 21 世紀最具決定性的經濟力量，全球資金、貿易規則與產業發展正加速向「綠色」靠攏。從碳關稅到再生能源投資、從永續供應鏈到 ESG 揭露，企業與國家若不在綠色轉型中掌握主動，未來恐不只是落後，而是被排除。

對高度依賴出口、能源仰賴進口的臺灣而言，「綠色經濟」早已不是選項，而是下一輪產業命脈與國家競爭力的生存戰略。

世界經濟論壇（WEF, 2023）指出，未來 20 年全球約 30％ 的 GDP 成長將來自綠色轉型驅動。這意味著：誰掌握低碳技術、誰能穩定供應綠色商品，誰就將主導未來經濟版圖。

臺灣的潛力在哪裡？科技、製造與數位實力是關鍵

臺灣雖土地有限、能源受制，但在以下幾個關鍵領域具備明顯優勢：

◆ **資通訊產業鏈完整**：台積電、聯電、鴻海等為全球 ICT 關鍵供應者，可帶動智慧節能與綠色運算解決方案；

第七節　臺灣在綠色經濟中的機會：從供應鏈關鍵到永續創新前線

- **中小企業靈活創新**：製造彈性與垂直整合能力高，有利於快速導入低碳製程；
- **數位治理基礎良好**：政府具備推動碳盤查、供應鏈透明化與電子化揭露的制度條件；
- **公民綠色意識提升**：綠電、電動機車、環保包裝在年輕族群中接受度快速上升。

這些基礎使臺灣有機會在全球「去碳、去風險、去中國化」的供應鏈重構中，扮演可信賴的低碳供應者與綠色製造中心。

政策轉型的槓桿作用：從碳費到綠色金融

2023 年通過的《氣候變遷因應法》與即將上路的碳費制度，是臺灣邁向碳定價體系的重要里程碑。儘管起始費率溫和（每噸 300 元），但其所釋出的訊號已迫使企業開始排碳盤查、投資減碳與重整產線。

政府亦推動以下多項綠色經濟政策：

- 臺灣碳權交易所（TCX）於 2024 年開業，試辦自願性碳交易平臺；
- 再生能源採購憑證（T-REC）制度擴大，供企業抵換碳排與參與綠電市場；
- **綠色金融行動方案 3.0**，結合 ESG 授信標準與碳揭露要求，帶動資本流向低碳企業。

第九章　氣候變遷與未來經濟

這些制度工具逐步建立起政策誘因－市場回應－資金支持的正向循環，有助加速企業綠色轉型並吸引國際訂單與投資。

國際供應鏈變化下的新機會：臺灣可以扮演什麼角色？

在歐盟 CBAM（碳邊境調整機制）、美國 IRA（通膨削減法案）與東亞綠色製造基地重組下，全球品牌與終端廠商愈來愈傾向尋找：

- 擁有**可追溯碳足跡**能力的供應商；
- 能提供**環境揭露報告**的生產夥伴；
- 在**低碳材料、再生能源**領域具備自主能力的地區。

臺灣若能率先建立區域級供應鏈碳資料共享平臺，結合產學合作與政府數據支持，不僅可守住現有 ICT 供應優勢，更可延伸至：

- 綠色半導體與智慧節能晶片；
- 電動車關鍵零組件（如馬達、儲能、電控系統）；
- 潔淨製程機械與再生材料加工技術。

這些都是國際迫切需求、臺灣具備技術基礎、又能創造新出口的綠色機會帶。

第七節　臺灣在綠色經濟中的機會：從供應鏈關鍵到永續創新前線

綠色轉型的社會挑戰與因應之道

儘管綠色經濟潛力龐大，轉型過程仍將伴隨結構陣痛，尤其在以下幾個層面：

- 高碳產業（如水泥、鋼鐵）轉型成本高；
- 勞動力與技能結構落差，中高齡勞工面臨技術斷層；
- 偏鄉與弱勢社群能源轉型成本負擔重；
- 中小企業缺乏資源進行碳盤查與轉型投資。

為此，政府需建構完整「綠色轉型社會安全網」，包括：

- 補助高碳產業研發低碳製程技術；
- 擴大綠色職能訓練與轉職協助；
- 對弱勢戶提供綠能補貼與能源效率設備升級；
- 成立中小企業永續輔導中心，提供技術與融資媒合。

唯有轉型兼顧社會正義，綠色經濟的基礎才能穩固。

在綠色經濟地圖上，臺灣不必缺席

氣候經濟不是一場「國際比賽」，而是一場全球協作、地方行動與市場重構的長期工程。臺灣若能掌握自身科技與製造優勢、強化制度透明度與碳治理能力，就能在全球綠色供應鏈中建立可信任的夥伴地位。

第九章　氣候變遷與未來經濟

　　經濟學從來不是只計算報酬與成本,而是選擇性與價值的整合。當臺灣選擇走進綠色經濟,我們也同時選擇了一條結合創新、責任與永續的經濟未來。

第十章
用經濟學過更好的生活

第十章　用經濟學過更好的生活

第一節　買東西前，想一想效用與成本：每一筆花費都是一種選擇

> 經濟學不是教你怎麼省錢，
> 而是教你怎麼花得更值得

很多人以為學經濟學是要變成「鐵公雞」，其實不然。經濟學真正要解答的問題是：「在資源有限的情況下，我們要如何做出最好的選擇？」這當中的關鍵概念就是效用（**utility**）與成本（**cost**）。

當你站在便利商店冰櫃前，猶豫要買茶還是咖啡，這不只是口味的問題，而是對兩種商品所能帶來的滿足感（效用）進行評估。同時，你也會思考價格、熱量、喝完之後會不會後悔，這些都屬於機會成本（opportunity cost）的一部分。

簡單說，經濟學提醒我們：每一個消費決策，不只是買或不買，而是用這筆錢，能不能帶來最大的「效用值」。

> 效用是個人化的：
> 不是便宜才是好，而是對你來說值不值得

效用不是用錢衡量，而是用主觀滿意度來看。對有些人來說，一杯精品手沖咖啡 150 元很貴，但對重視品質與儀式感的人來說，這可能比 35 元罐裝咖啡帶來更高滿足。

第一節　買東西前，想一想效用與成本：每一筆花費都是一種選擇

經濟學承認人是主觀的。每個人的偏好不同、收入結構不同、生活背景不同，對「值得」的判斷也會不同。因此，我們無須用社會標準來衡量每一筆支出，而是回到一個問題：「這筆花費，對我現在的狀況來說，是不是最好的選擇？」

這也提醒我們：不要被廣告操控「非買不可」的情緒，而是建立屬於自己的效用判準。

機會成本：
不是錢花在哪，而是犧牲了什麼選項

除了「花多少錢」，經濟學更關注的是「放棄了什麼」。這就是機會成本的意涵──你為了某一選擇，放棄的那個「第二好的選項」，才是你真正的代價。

例如你用 1,500 元去看一場演唱會，這筆錢本來也可以拿來買書、儲蓄、請朋友吃飯。你選了演唱會，就代表你認為它的效用高於其他選項的總和。

這種思維方式可以幫助我們做更理性的選擇，尤其在資源有限、選擇太多的生活中，學會看到不是選到什麼，而是放棄了什麼，才能真正理解自己的價值排序。

第十章　用經濟學過更好的生活

情緒花費與非理性行為：
經濟學如何幫我們看清「想要」與「需要」

有時候我們在購物時會「失控」：刷卡一時爽、買完就後悔。這不是你不懂經濟學，而是人性中的「情緒效用」在作祟。行為經濟學指出，人常會高估立即滿足的價值，低估長期後果，這讓我們容易做出衝動購物、重複買沒用的東西的非理性行為。

解法不是逼自己變得無趣，而是學會在花錢之前多問自己幾個問題：

- ◆ 我買這個，是為了解決什麼問題？還是單純想逃避情緒？
- ◆ 它能帶來的滿足，是短期快感，還是長期價值？
- ◆ 如果我不買，會不會真的後悔？還是只是覺得「錯過會很可惜」？

經濟學可以讓你更有意識地做出選擇，而不是被當下的情緒牽著走。

小錢也能累積大效用：
每日消費的「邊際效用法則」

在經濟學中，「邊際效用遞減法則」告訴我們：每增加一單位消費，所帶來的額外滿足會逐漸減少。

換句話說，你今天吃第一塊雞排覺得超幸福，第二塊還可

第一節　買東西前,想一想效用與成本:每一筆花費都是一種選擇

以,第三塊可能就膩了。這提醒我們:當我們不斷用相同方式消費時,滿足感會遞減。

所以,比起一次買大量高價品,不如適當分散資源,用在多樣化的生活滿足上。例如:

◈ 用 200 元請自己看一本喜歡的書;
◈ 每週安排一次朋友聚餐;
◈ 存一點錢投資在線上課程或健康管理。

這些「小額高效用」的行為,其實才是讓生活變得有品質的關鍵。

花得值得,比花得多更重要

經濟學從不教人吝嗇,它的目的,是幫助我們用有限資源創造最大的個人幸福感。當我們在花錢前多想一層「這帶來多少效用?代價是什麼?對我是什麼價值?」,我們就不只是消費者,而是擁有選擇主權的經濟生活設計者。

你可以花錢,但不要讓錢「替你選擇」。學會用經濟學來想一想每一次消費,才是通往更自由、更有掌控感生活的開始。

第十章　用經濟學過更好的生活

第二節　不要做後悔的選擇：
　　　　讓經濟學幫你減少決策焦慮

後悔的本質：選擇的不確定與預期落空

你是否曾買了一件昂貴的衣服後懊惱沒穿幾次？或是因為錯過打折而氣自己「早知道晚一點再買」？這些「如果當時……就好了」的情緒，正是我們日常經濟生活中最常見的心理負擔──後悔成本（regret cost）。

經濟學承認，我們無法做到完全理性選擇。每個決策都建立在有限資訊與有限預測的基礎上。我們總是在風險與效用之間權衡，但後悔之所以產生，並不是因為決策錯誤，而是因為預期與現實落差太大，或錯估了替代選項的效益。

因此，學會「做選擇時減少未來後悔」，不只是情緒管理問題，更是一種經濟思維的訓練。

沉沒成本：放下過去，才不會拖累未來

經濟學有一個重要原則：沉沒成本不可回收，所以不該影響未來選擇。所謂沉沒成本（sunk cost）指的是已經發生、無法收回的支出或努力，例如：

◆　已經買的電影票，即使電影不好看，也不該強迫自己坐完；

第二節　不要做後悔的選擇：讓經濟學幫你減少決策焦慮

- 報名了健身房，結果沒興趣，不該因為「都花錢了」就硬撐；
- 經營了一段感情很久，發現彼此不適合，不該因為「時間都投入了」就不敢離開。

這些情境都說明了一件事：過去的投入，不等於未來的價值。如果你的選擇已經不再帶來效用或成長，就應該勇於放棄。

學會不被沉沒成本綁架，就是避免後悔的第一步。

不確定性下的選擇架構：減少後悔的策略設計

行為經濟學指出，人在面對選擇時，往往不是選擇最理想的方案，而是選擇「最不容易後悔」的方案。這種心理叫做後悔規避（regret aversion）。

如何讓選擇後不後悔？以下是三個實用的策略：

- **設計預期場景**：在做決定前，預想各種結果會帶來什麼情緒反應。不是只想好的一面，也要誠實面對「如果不如預期，我會怎麼感受？」
- **保留調整空間**：做出具有彈性的選擇。例如，先租車試開幾週再決定是否買車；或報名可退費的課程。
- **參考滿足而非最佳**：不是每次都要做「最佳選擇」，只要能達到你的目標就足夠。追求完美反而增加後悔機率。

這些做法能讓選擇過程更務實，也讓我們對結果更有心理準備。

第十章　用經濟學過更好的生活

決策疲勞與過度選擇：不是選錯，而是選太多

現代社會的一大特徵是「選擇過多」。從餐廳、衣服、職涯到人際關係，每一個選項看似多元自由，實際上卻容易造成決策疲勞（**decision fatigue**）與選擇悖論（**paradox of choice**）。

心理學家貝瑞・史瓦茲（Barry Schwartz）指出，選擇越多，反而越難滿意，因為我們總覺得「可能有更好的」。這讓人在選完之後也無法釋懷，進而產生強烈後悔感。

因此，有時候減少選擇、建立自己的「行為慣性」，反而更容易做出穩定決策。例如：

◆ 固定早餐選擇，省去早上煩惱；
◆ 限定每月娛樂預算，不必每次都權衡要不要買票；
◆ 規劃年度旅遊預算，事先做出大方向決定。

當選擇變得制度化、預先規劃化，情緒干擾就會減少，後悔自然下降。

後悔是訊號，不是懲罰

我們無法完全避免後悔，但可以從後悔中學習。經濟學將後悔視為資訊修正機制，它告訴我們哪裡錯估、哪裡不如預期，幫助我們在未來做出更準確的選擇。

重要的是，不要讓後悔變成情緒懲罰，而是把它轉為「策略

優化」。例如：

- 後悔沒多存錢，就重新設定儲蓄計畫；
- 後悔買了用不到的商品，下次購物前列清單；
- 後悔錯過投資機會，就建立風險承受能力並開始學習。

每一次後悔，都是為未來做更好選擇的素材。

少後悔的關鍵，是更有意識的選擇

真正的決策智慧，不是永遠不後悔，而是面對選擇時更誠實、更有意識。當你了解效用、認知成本、接受不完美，就能在每一次選擇中減少猶豫、減少怨懟、減少「如果當初」。

經濟學不是讓你成為完美決策者，而是讓你更清楚：選擇本來就有代價，但代價不一定要是後悔。

第三節　理解別人的動機，有助人際溝通：讓經濟學成為社交的翻譯機

經濟學教你看懂人，而不是評斷人

經濟學從來不只是關於價格和市場的學問，它其實是理解人們如何在資源有限下做選擇的科學。而選擇的背後，往往揭露了個人的動機與偏好。

第十章　用經濟學過更好的生活

如果我們願意用經濟學的眼光去看待別人的行為，就能從「他怎麼可以這樣？」轉化為「他為什麼會這樣？」這種態度的轉變，就是從評斷轉向理解，是人際溝通中最有力的改變。

舉例來說：

- 同事不幫你加班，可能不是懶，而是他重視家庭時間的效用比工作高；
- 朋友不投資你推薦的股票，不是不相信你，而是他的風險偏好與你不同；
- 學生不交作業，不見得是不負責任，而可能是他在時間分配上的機會成本評估不同。

經濟學提醒我們：行為的背後不是「對或錯」，而是「選擇與偏好」的結果。

理性人假設不是「每個人都很聰明」，而是「每個人都有自己的算盤」

「理性人假設」（rational actor assumption）是經濟學的一個基本概念，它不是說每個人都會做最好的決策，而是說每個人都會根據自己的資訊與偏好，做出對自己「看起來合理」的行動。

這種理解幫助我們在人際互動時減少誤解與情緒化反應。例如：

第三節　理解別人的動機，有助人際溝通：讓經濟學成為社交的翻譯機

◈ 客戶抱怨價格過高，其實反映的是他對效用的期待值未被滿足；
◈ 同事在會議中反對你，其實是他對風險的評估角度不同，而非針對你本人；
◈ 親密關係中的「冷淡」行為，可能源自個人資源（如注意力、時間）不足，而非情感淡化。

當我們不再以「他故意針對我」的思維解釋行為，而是從資源分配與動機評估出發，就會大幅降低人際誤解，提升溝通效率。

賽局理論：
每個人都在做最好的應對，而非最壞的打算

賽局理論（game theory）是經濟學中研究互動決策的核心工具，它強調：人在互動情境中，會根據對方的可能行動來調整自己的策略。

這種觀念非常適合用來分析日常人際互動，例如：

◈ 主管會選擇「不直接批評」，因為他預期你可能會防衛或反抗；
◈ 情侶在冷戰時選擇沉默，是因為彼此都在等待對方「先讓一步」；
◈ 合作中對方提出額外條件，是對「信任程度不足」的防禦策略。

第十章　用經濟學過更好的生活

這些行為乍看不合理,其實都是一種最佳反應策略(**best response**)。學會從策略互動角度來理解行為,不僅能看穿表象,也能引導對話走向合作而非對抗。

溝通的「誘因設計」:
不是改變人,而是改變選擇結構

當我們理解對方的動機與偏好之後,下一步是設計讓對方願意合作的條件。這就是經濟學中的「誘因設計」(incentive design)。

好的溝通,並不是情緒喊話或強制命令,而是創造一個讓對方認為「這樣做對他有利」的情境。例如:

◆ 想讓同事提早交報告,可承諾提早交就先安排簡報時段,讓他優先曝光;

◆ 想讓孩子收拾房間,可以用換取外出時間或零用錢的方式建立可預期回饋;

◆ 想讓伴侶參與家務,可與之協商「家事選擇權」,讓彼此都有主動感。

這些都是讓對方在不失去選擇自由的情況下,更願意與你合作。經濟學告訴我們:強迫與說服的差異,不在語氣,而在激勵的結構設計。

第三節　理解別人的動機，有助人際溝通：讓經濟學成為社交的翻譯機

情緒也是一種資源：理解感受比辯論邏輯更重要

現代行為經濟學強調「人不是完美理性機器」，我們有情緒、記憶、習慣與偏好，而這些都會影響決策。

因此，有效的溝通，不只是推論對方的偏好或利益計算，更包括理解對方的情緒反應。例如：

◈ 對方的「生氣」可能不是針對你，而是對被忽略的不滿；
◈ 對方的「拒絕」也許來自過往失敗經驗，而不是對此事本身的否定；
◈ 對方的「不回應」，可能不是冷漠，而是資源（時間、注意力）不足。

學會從「經濟人」轉換為「心理人」的視角，才能真正建立長期穩定的溝通與信任關係。

懂經濟學的人，不只會計算，更會理解人性

在日常人際互動中，經濟學提供的不只是成本效益分析，更是一種理解人的工具。當你能看見別人選擇背後的動機、資源與偏好，你會發現：我們大多不是壞人，而是根據自己的邏輯做了自己以為最好的選擇。

溝通的關鍵不是讓對方變成你，而是你願意站在對方的經濟位置上，理解他做選擇時所看到的風景。

這樣的理解，才是經濟學最溫柔、最實用的能力之一。

第四節　培養長期思維與延遲滿足：把握現在，也規劃未來

長期思維的缺席，是生活混亂的根源之一

你是否曾因為追劇太晚睡導致隔天上班精神不濟？或者在花費上總是先買再說，月底才發現錢不夠用？這些行為背後都有一個共通點：缺乏長期思維。經濟學告訴我們，資源有限、選擇有代價，若我們只看眼前，就容易陷入「滿足當下、犧牲未來」的行為循環。

心理學家華特・米歇爾（Walter Mischel）在 1960 年代的「棉花糖實驗」中發現：那些能夠延遲滿足的小孩，長大後在人際、學業與職涯上表現更好。這項研究成為行為經濟學與自我控制研究的經典，也讓我們理解到：願意等待，願意延遲回報，是一種能訓練的能力，而非天生特質。

把長期效用納入選擇，是經濟理性的重要基礎

經濟學中有個重要概念叫「折現率」（discount rate），指的是人們對未來效用的評價會打折。也就是說，一筆一樣的好處，如果今天拿到會感覺比較有價值，拖到明天就會覺得沒那麼值得。這種心理折扣，會讓我們偏好立刻獲得獎賞，而忽略長期報酬。

第四節　培養長期思維與延遲滿足：把握現在，也規劃未來

但真正理性的選擇，應該是計算「長期總效用」而非「短期快感」。舉例來說：

- 現在多存 500 元看起來犧牲了享樂，但未來能累積資本、減少焦慮。
- 投資時間健身、學語言、閱讀，當下可能辛苦，但未來能換得更好的健康與收入機會。

這些例子說明：長期思維不是要你犧牲現在，而是讓你獲得更高效用的未來。

延遲滿足不等於壓抑，而是用結構引導選擇

很多人誤會延遲滿足是要「什麼都忍」，但經濟學中的「行為激勵設計」（behavioural design）告訴我們：人的意志有限，真正有效的方法是透過設計選擇結構，幫助自己做出長期有利的決策。

常見的做法包括：

- **預設設定**：自動轉帳儲蓄、自動投資，讓理性決定變成無需思考的預設行為。
- **獎勵結構**：設定延遲的行為結果會有明確獎勵，例如完成三週運動可請自己吃一頓好料。
- **環境限制**：避免誘惑，例如不要帶信用卡出門、刪除容易消費的 App。

- **公開承諾**：讓他人知道你的計畫，形成正向壓力，強化執行力。

這些都不是壓抑自己，而是透過制度來優化行為，讓延遲滿足成為「自然而然的選擇」。

> **臺灣生活中的長期思維挑戰：**
> **短線文化與即時享樂的拉扯**

在臺灣，許多生活文化本身就不利於長期規劃。例如：

- 教育與升學重視短期考試分數，忽略深度學習與未來技能累積；
- 消費文化鼓勵「分期零利率」，讓即時購物看起來沒有成本；
- 社群媒體推崇即時炫耀與短視頻快感，壓縮了注意力與專注力的持久度；
- 投資市場偏好當沖與高槓桿操作，鼓勵短線投機而非長線資產配置。

這些文化特性讓長期思維變得更難養成，但也更突顯其價值與重要性。唯有在眾聲喧嘩中，仍能做出基於長期效益的選擇，才能在變動時代中站穩腳步。

第四節　培養長期思維與延遲滿足：把握現在，也規劃未來

長期思維是決策智慧，也是生活穩定的基礎

長期思維不只是理財與職涯規劃的關鍵，它更是一種思維態度：

◈ 當你面對關係選擇，你會不會選擇尊重與溝通而非即時情緒宣洩？

◈ 當你面對健康選擇，你會不會願意早睡、均衡飲食而非即時放縱？

◈ 當你安排工作進度，你是否願意每天穩定產出，而非到期限前才爆肝？

這些都是「效用重新排序」的過程，背後的力量，就是長期思維。它不是要你成為未來的奴隸，而是讓你擁有對當下的真正主導權。

延遲滿足者的世界觀：
不只看到現在的自己，也看見未來的自己

學者丹尼爾・康納曼（Daniel Kahneman）指出，人們在決策時會同時扮演「當下自我」與「未來自我」的角色，而兩者常常在拉扯。延遲滿足的能力，就是能夠讓現在的自己為未來的自己做決定，甚至先替未來的自己解決問題。

第十章　用經濟學過更好的生活

例如：

◆ 今天運動，是為了 10 年後能走得動、活得健康；
◆ 今天存錢，是為了 5 年後有能力換工作或創業；
◆ 今天多學一項技能，是為了面對未知職涯變化時更有底氣。

能夠做到這種程度的人，並不是因為意志力超強，而是他們在思考時能看到自己的「時間延伸版本」，並願意為那個人負責。

這種時間的延展感，其實是最深層的理性與愛自己的表現。

時間會放大選擇，也會放大遺憾

經濟學不只告訴我們如何計算資源，更幫助我們理解時間的價值。在短期，我們的選擇看起來差別不大，但時間會放大這些選擇的差異。

那些願意延遲滿足、做出長期有利選擇的人，將會在未來收穫複利的果實；而那些總是優先當下、忽略未來的人，也會在日後付出代價，往往是時間與健康難以挽回的空缺。

學會長期思考，並不表示你不能享受現在，而是要你有意識地安排現在，為未來的人生鋪路。那才是生活裡真正的自由與掌控感。

第五節　為自己的生活設計「誘因」：
讓行為經濟學成為自我管理的助力

:::為什麼知道該做什麼，卻總是做不到？:::

你明明知道應該早起運動、該存錢、該戒糖飲、該讀完那本買了很久的書，但現實卻總是「知道歸知道，行動歸行動」。這不是你個人的問題，而是所有人類都面對的心理落差。

經濟學假設人是理性的，但行為經濟學早已證明：人往往是有限理性、有偏誤、容易受到環境與情緒影響的存在。我們不是不會決策，而是缺乏設計決策的能力。

這也是本節的重點：你不需要變得更有意志力，你需要的是為自己生活設計誘因（**incentive**）。讓對的事情變得更容易做、錯的事情變得不值得做。

:::誘因不是懲罰自己，而是建立選擇結構:::

「誘因」常被誤解為懲罰與獎賞的機制，但其實誘因的本質是：透過改變選擇架構（**choice architecture**），幫助你做出符合長期利益的行為。

經濟學家理察・塞勒（Richard Thaler）與凱斯・桑斯坦（Cass Sunstein）提出的「助推理論」（nudge theory）指出，人在日常中受環境微小提示影響甚深，若能設計合適的提示，就能

第十章 用經濟學過更好的生活

讓改變行為變得自然不費力。例如：

- ◈ 把運動服放在床邊，增加早起運動的機率；
- ◈ 把甜點藏起來，減少晚間攝取糖分的衝動；
- ◈ 自動轉帳至儲蓄帳戶，省下「要不要存錢」的決策疲勞；
- ◈ 打開書本放在沙發上，讓讀書變成「順手的選擇」。

這些設計都是「誘因」的一種形式——不是外部懲罰，而是內部引導。

外在誘因 vs. 內在誘因：你為什麼做這件事？

要讓誘因有效，我們需要先辨別兩種驅動力：

- ◈ 外在誘因（extrinsic incentive）：源於外部的回饋，如金錢、讚美、獎賞、社會認可；
- ◈ 內在誘因（intrinsic incentive）：源自內心的滿足，如成就感、意義感、價值實現。

行為經濟學提醒我們：若過度依賴外在誘因，反而可能削弱內在動力，產生所謂的「過度正當化效應」（overjustification effect）。

舉例來說，若孩子原本喜歡畫畫，結果你每天用糖果獎勵他畫畫，他可能最終不再為畫畫本身快樂，而只期待糖果。

> 第五節　為自己的生活設計「誘因」：讓行為經濟學成為自我管理的助力

所以，好的誘因設計，是短期使用外在誘因作為推進力，同時培養內在誘因作為長期驅動力。

如何為自己設計誘因？五個策略範例

1. 承諾裝置（commitment device）：讓你無法輕易反悔

例如預約健身教練、參加讀書會、公開宣布計畫等，讓外部壓力變成自律力量。

2. 預設選項（default option）：讓好選擇變成不需努力的選項

把手機自動設定為飛航模式入睡；將信用卡帳單預設成自動全額繳清。

3. 設立小獎勵（micro-reward）：累積小進步帶來即時回饋

每完成一章書送自己一杯咖啡；每運動三次就允許買一樣小物。

4. 切割任務（task framing）：讓大目標變得不那麼嚇人

把「寫一本書」變成「每天寫 300 字」；把「一年存下 10 萬」變成「每天不花掉的 100 元存起來」。

5. 視覺化成果（progress tracking）：看得見的進步會增強動機

用 App 記錄飲食、運動、閱讀或支出，讓努力變得具象可感。

這些設計不需高科技，也不需強大意志力，只要你願意「對未來的自己負責」，它就會產生驅動力。

第十章　用經濟學過更好的生活

臺灣生活裡的應用案例：在地誘因設計的可能性

在臺灣，我們的生活節奏緊湊、空間有限，但誘因設計仍可發揮作用：

- 通勤時改搭捷運，搭配電子書或聽 Podcast，讓通勤變成學習時段；
- 使用集點 App（如 LINE 購物回饋、超商點數）搭配理性購物清單，不讓優惠誘導衝動消費；
- 設計「晚餐後不碰手機」規則，並在 20：00 後自動關閉社群通知，增加閱讀或家人時間；
- 把錢存進無法輕易提領的基金帳戶，防止衝動提款。

這些生活誘因小設計，會在潛移默化中形塑你每天的選擇方式。

誘因設計的終極目標：自律不靠意志，而靠環境與系統

很多人誤會自律是意志強大、能對抗所有誘惑的人格特質，但事實上，真正自律的人是那些懂得排除誘惑、減少決策次數、提前安排行為結果的人。

他們靠的不是「不吃蛋糕的決心」，而是「冰箱裡沒有蛋糕」；不是每天強迫自己早起，而是早上醒來唯一能做的事就是運動

或閱讀。

經濟學中，真正強大的制度從來不靠懲罰，而是靠環境的微調與結構引導。誘因設計正是你能為自己建構的微型制度。

你是自己的政策設計師，也是自己的助推者

當你理解經濟學的誘因原則，你就可以為自己的生活設計一套行為制度。不是等有空才學習、有錢才存錢、有餘力才運動，而是從現在開始，設計出讓未來的你會感謝的行為路徑。

誘因設計，不只是讓你效率提升，更讓你在生活中感到掌控感與成就感。

你可以不用變得完美，但你可以設計出比昨天更靠近目標的自己。

第六節　讓經濟學成為決策的工具：從理論到行動的距離

經濟學不只是學術，更是生活中的「決策輔助器」

許多人在學習經濟學時，可能會想：「這些理論跟我日常生活有什麼關係？」事實上，經濟學最大的價值，不在於公式與圖表，而在於它是一門教人如何做選擇的科學。你每天要做無數

第十章　用經濟學過更好的生活

決策：吃什麼、怎麼花錢、是否跳槽、是否投資、是否買房、是否放棄一段關係。這些都是典型的經濟問題。

經濟學給我們的，不是「標準答案」，而是一套系統性思考框架，讓我們能在面對不確定時，更有自信地做出對自己最有利的選擇。

決策的四大原則：讓選擇更有方向感

你可以透過以下四個基本原則，將經濟學運用到生活中的決策當中：

1. 比較邊際效益與邊際成本（marginal analysis）

經濟學告訴我們，不要只看總體，而是看「多一點／少一點」會怎樣。像是：

- ◆ 多加班一小時值不值得？要看這一小時帶來的效益是否高於疲累的代價。
- ◆ 存款繼續放銀行還是拿去投資？就要評估利息與風險的邊際報酬。

每次做決定前，問自己：我多做這件事，所得到的效益有比付出的多嗎？

2. 機會成本思維（opportunity cost）

做任何選擇時，不要只看你得到什麼，更要看你放棄了什麼。

第六節　讓經濟學成為決策的工具：從理論到行動的距離

- 選擇出國工作，你可能放棄與家人共處的時間。
- 投資時間打工，可能失去進修與技能培養的機會。

經濟學讓你用一種更全面的視角，看清楚：選擇的代價，往往藏在你「沒選的那一條路」裡。

3. 認知風險與不確定性（risk and uncertainty）

大多數人生決策都不是確定性的，而是存在風險與未知。經濟學鼓勵我們：

- 分辨「可量化風險」與「純粹不確定性」；
- 了解自己的風險偏好（你是風險趨避型還是風險偏好型？）
- 透過多元資訊與資料來降低決策偏誤。

這讓我們在買保險、做投資、換工作、選擇人生伴侶等重要決策時，不是盲目衝動，而是具備風險意識的理性行動者。

4. 理性有限與決策簡化（bounded rationality & heuristics）

行為經濟學告訴我們，沒有人能完全理性。我們資訊有限、時間有限、注意力有限。因此，真正聰明的做法是：

- 建立個人化的決策準則（例如：買東西一定觀察三天再決定）；
- 利用「經濟直覺」快速排除不必要選項；
- 練習在 80% 資訊下做出「夠好」決策，而不是追求完美。

有時候，簡單就是力量。

第十章　用經濟學過更好的生活

日常情境下的經濟學思維應用範例

1. 工作選擇：薪水高 vs. 發展性高

現在薪水高,但是否機會成本是學習與成長?

未來三年總效用與長期職涯資本誰更重要?

2. 投資理財：跟風 vs. 資產配置

投資決策要考慮風險承擔能力與邊際效益。

市場噪音多,記得回到長期回報與資產多元化。

3. 人際溝通：爭對錯 vs. 建立誘因

與其爭論,不如思考雙方的動機與利益結構。

溝通成功的關鍵,是設計雙贏方案,而非壓服對方。

4. 時間安排：效率 vs. 效用最大化

經濟學不只談金錢,也談「時間」這個最稀缺的資源。

別讓社群媒體與碎片活動偷走你原本可累積的價值。

臺灣人在生活決策中常見的偏誤與改進空間

臺灣社會長期受到「短期結果」、「他人觀感」、「安全路線」的影響,導致很多人在生活決策上出現以下偏誤:

- ◆ **過度追求穩定**：錯把「穩定收入」當成唯一安全感,忽略潛在成長性;

第六節　讓經濟學成為決策的工具：從理論到行動的距離

- **害怕錯誤就不選擇**：選擇延遲變成拖延，最後反而陷入更糟情境；
- **從眾偏誤**：看到朋友投資就跟，沒做功課就行動；
- **沉沒成本謬誤**：已經報名就勉強上課、已經談戀愛就不分手，忘了當初的效用已不存在。

這些都不是個人缺陷，而是缺乏決策系統的結果。若我們能將經濟學內化為思考模式，就能讓這些偏誤減到最低。

不必成為經濟學家，但可以成為更會選擇的人

你不需要會畫供需曲線，也不必背起所有理論模型，但你可以讓經濟學變成你每天思考的邏輯輔助器。

每一次猶豫、每一次規劃、每一次想要改變，請問自己：

- 我真正的效用是什麼？
- 我現在選擇的機會成本是什麼？
- 我是否在過度反應短期風險？
- 我有沒有建立自己的選擇準則？

當這些提問成為生活日常，你就不再是被選擇的那個人，而是那個主導人生、看清全貌、用理性打造幸福的人。

這，就是讓經濟學成為你最實用的決策工具的開始。

第十章　用經濟學過更好的生活

第七節　財富不只來自收入，更來自選擇：打造你的經濟人生設計

錢多不等於有錢，財富的本質是選擇權

在多數人印象中，「財富」等同於高收入。但經濟學給了我們一個更本質的定義：財富是你能自由分配時間與資源的能力，是你擁有選擇權的程度。

真正的財富，不是帳戶數字，而是當你不喜歡現在的工作時，你可以選擇轉職；當你想學一項新技能時，你有資源去投資自己；當家人生病時，你有時間與金錢陪伴照顧——這些都來自你過去做出的選擇，而不只是每月的薪資條。

經濟學強調機會成本與資源分配，而財富的本質，就是你用過去的選擇換來現在與未來更自由的資源運用能力。

收入是結果，選擇是原因

很多人將財務焦慮歸咎於「賺不夠多」，但更核心的問題可能是：「你是否善用過去的每一次收入，做出有價值的選擇？」

同樣是每月五萬元收入，有人存下兩萬、有人成為卡債族；有人用來建立緊急預備金，有人用來分期買最新手機；有人投資 ETF，有人全花在即時娛樂。

第七節　財富不只來自收入，更來自選擇：打造你的經濟人生設計

這些都顯示：收入相同，但選擇不同，人生軌跡將大不相同。

經濟學教我們不只是「賺更多」，而是「用得更有策略、更符合長期效用」。這才是真正決定財富厚度的關鍵因素。

財富累積的三個核心邏輯：時間、複利與決策品質

1. 時間：最強的財富乘數

如果你 25 歲開始每月投資 5,000 元，到 55 歲平均報酬率 6%，你可能累積超過 500 萬元；如果你 35 歲才開始，就算投入更多，每月 1 萬元，累積時間縮短，總資產還是遠低於前者。

這證明：越早開始，時間就能成為你最大的資產。

2. 複利：效用疊加的威力

無論是金錢投資還是知識技能，最可怕的是「滾雪球」效應；小進步 × 長時間 × 不間斷＝指數型成長。

愛因斯坦說：「複利是世界第八大奇蹟。」經濟學幫你掌握這個奇蹟的運作方式。

3. 決策品質：選擇的總體效用累積

決策愈準確、愈符合效用排序，資源浪費就愈少，累積也愈快；高品質的選擇能讓你少走彎路、避免後悔成本。

好的財富不只是「多少錢」，而是多少錢是你願意花、能自由運用、背後有計畫的。

第十章　用經濟學過更好的生活

臺灣生活中的選擇場景：你可以更有策略地變有錢

1. 手機升級還是買 ETF？

一支新手機 3 萬元，兩年後幾乎不值錢；同樣金額投入定期定額投資，兩年後可能帶來資本利得與現金流。

選擇不在於手機對錯，而在於你是否有計算這筆錢的機會成本。

2. 跳槽加薪還是深耕技能？

短期換工作可能加薪一成，但若沒有累積實力與人脈，幾年後成長停滯；投資學習、語言、管理能力，也許初期不漲薪，長期卻可能打開新的職涯維度。

這種思考模式，讓你不再被短期收入迷惑，而是看見選擇的總體報酬。

3. 每天一杯手搖飲 vs. 每天存下 60 元？

一年省下 2 萬多元，足夠報名專業課程或短期旅行。

消費沒有原罪，但選擇背後的效用排序，才是經濟思維的關鍵。

財富自由的第一步：先定義你的「夠」

「財富自由」不是人人都要月入百萬，而是你能活在不焦慮、不被迫的狀態下。

> 第七節　財富不只來自收入，更來自選擇：打造你的經濟人生設計

經濟學教我們：資源是有限的，而幸福感是來自選擇權與主動性。你不必永遠追求更多，而是找出「對你來說剛剛好」的狀態，並建立通往那裡的選擇策略。

例如：

◈ 有人選擇工作四天，收入少一點但生活品質提升；
◈ 有人選擇租屋但投資穩定現金流；
◈ 有人選擇收入不高但專注在養成一技之長。

這些不是「少賺」，而是「聰明分配」與「效用最大化」。

經濟學幫你成為財務主人，而非金錢奴隸

在這個消費誘惑與比較焦慮交織的社會中，經濟學提供我們一種清明的視角：財富不只是收入的堆疊，而是你每一次選擇的總和。

當你懂得為未來做決策、懂得看到隱藏成本、懂得把時間與資源用在最有價值的地方，你就不再是金錢的追逐者，而是財富的創造者。

讓經濟學陪你設計出屬於你的人生資產負債表：不只是存款、也包括時間自由、健康、選擇權與人生的方向感。

這，才是真正值得追求的財富自由。

第十章　用經濟學過更好的生活

專業名詞與解釋總覽

以下為本書中所使用的重要經濟學與行為科學名詞整理，依照出現頻率與核心概念分類說明，供讀者參考與複習。

一、經濟學核心概念

名詞	定義
機會成本 (Opportunity Cost)	做出一項選擇時，所放棄的「下一個最好選擇」所帶來的效用。是所有經濟決策中最基本的代價評估邏輯。
邊際效用 (Marginal Utility)	每增加一單位消費或投入所帶來的新增滿足感或效益。通常隨著數量增加會遞減。
邊際效用遞減法則 (Law of Diminishing Marginal Utility)	當一項資源使用量增加，其每一單位帶來的額外效用會逐漸減少。
效用（Utility）	個體從某項行為或選擇中獲得的主觀滿足或快樂程度，是經濟行為的評價基礎。
沉沒成本（Sunk Cost）	已經付出且無法回收的成本，應在未來決策中被忽略。

名詞	定義
機會成本思維	不只評估支出與價格,更要看你選擇某行動時所錯過的其他效用可能。
成本效益分析 (Cost-Benefit Analysis)	衡量一項行為或決策所需付出的總成本與其帶來的效益,幫助做出最有利的選擇。
折現率(Discount Rate)	人們對未來效用的主觀打折率,愈高代表愈偏好立即回報。
時間偏好 (Time Preference)	個體對於即時報酬與延後報酬的偏好程度,是延遲滿足與理財規劃的重要參考依據。
邊際成本 (Marginal Cost)	生產或消費一個額外單位所需付出的新增成本,是分析最適決策的關鍵參數。

二、行為經濟學與心理決策概念

名詞	定義
有限理性(Bounded Rationality)	人們的理性受到資訊不完全、時間限制與認知負擔等因素的限制。

名詞	定義
誘因（Incentive）	促使人們改變行為的條件,包括外在（如金錢、獎賞）與內在（如成就感、價值觀）。
誘因設計（Incentive Design）	透過調整制度與環境,讓人們自然做出有利自己的選擇。
預設選項（Default Option）	人們傾向接受預設提供的選擇。這是許多制度設計中的重要槓桿點。
行為激勵（Behavioral Nudge）	一種微小但具有影響力的設計,幫助人們做出更理性的決策,而不剝奪其選擇自由。
誘因與行為之間的反應機制	不同行為者對相同行為誘因反應不一,取決於動機、背景與偏好結構。
過度正當化效應（Overjustification Effect）	當內在動機的行為被外在獎勵主導後,原本的興趣反而會減弱。
決策疲勞（Decision Fatigue）	長時間頻繁做選擇會使人心理耗竭,進而降低決策品質。
後悔成本（Regret Cost）	因為做了某個選擇而產生的心理不適,可能導致決策遲疑或反覆更改。
認知偏誤（Cognitive Bias）	人們因感知、記憶或情緒等限制所形成的系統性錯誤思考方式。

三、金融與理財相關概念

名詞	定義
財富自由（Financial Independence）	擁有足夠被動收入或資產，能自由選擇是否工作與如何生活的狀態。
複利（Compound Interest）	利息也會產生利息，形成資產成長的加速度效果。時間越長效果越強。
資產配置（Asset Allocation）	將資金分散於不同風險與報酬特性的投資工具中，以降低風險並提高整體效益。
風險偏好（Risk Preference）	個人面對不確定報酬時所展現的選擇傾向，可分為風險趨避型、風險中性型與風險偏好型。
現金流（Cash Flow）	衡量一段時間內資金流入與流出的淨值，是財務健康的重要指標。
被動收入（Passive Income）	不需主動投入大量時間便可穩定產生的收入來源，如股息、房租或授權收入。

四、社會制度與宏觀議題名詞

名詞	定義
碳稅（Carbon Tax）	對每單位碳排放課稅，使汙染外部成本被內部化，以達成減碳目的。
ESG（Environmental, Social, Governance）	環境、社會與治理三大構面，衡量企業永續經營與非財務表現的重要指標。
綠色金融（Green Finance）	將資金導向環保、低碳與永續發展相關投資的金融制度與商品。
循環經濟（Circular Economy）	以資源最大化與最小浪費為目標的經濟模式，重視再利用、回收與系統設計。
氣候風險（Climate Risk）	企業或個體因極端氣候、碳政策變化等帶來的營運與財務風險。
邊境碳調整機制（Carbon Border Adjustment Mechanism, CBAM）	由歐盟提出的制度，針對進口高碳商品徵收碳稅，以保障公平競爭與碳排放目標。
碳足跡（Carbon Footprint）	商品或行為在其生命週期中產生的溫室氣體總量。
綠色消費（Green Consumption）	優先選擇對環境影響較低、具永續認證與社會責任的產品與服務行為。

五、互動與賽局決策概念

名詞	定義
賽局理論（Game Theory）	研究個體在彼此互相影響的情境中如何做出最佳策略選擇的理論。
策略互動（Strategic Interaction）	個體行為會影響他人決策，且需考慮他人回應的情境，常見於市場競爭、人際協商等場景。
誘因相容（Incentive Compatibility）	制度設計要讓每個人在追求自身利益時，仍自然選擇對整體有利的行為。
後悔規避（Regret Aversion）	人們在選擇中傾向避免未來可能後悔的選項，可能導致選擇過於保守。

國家圖書館出版品預行編目資料

經濟學有什麼難的？我媽都懂了，你呢：不談公式，只談生活！用最日常的語言，讀懂最有用的知識 / 遠略智庫 著. -- 第一版. -- 臺北市：山頂視角文化事業有限公司，2025.07
面； 公分
POD 版
ISBN 978-626-7709-21-4(平裝)
1.CST: 經濟學 2.CST: 經濟社會學
550　　　114008141

電子書購買

爽讀 APP

經濟學有什麼難的？我媽都懂了，你呢：不談公式，只談生活！用最日常的語言，讀懂最有用的知識

臉書

作　　者：遠略智庫
發 行 人：黃振庭
出 版 者：山頂視角文化事業有限公司
發 行 者：山頂視角文化事業有限公司
E - m a i l：sonbookservice@gmail.com
粉 絲 頁：https://www.facebook.com/sonbookss/
網　　址：https://sonbook.net/
地　　址：台北市中正區重慶南路一段 61 號 8 樓
8F., No.61, Sec. 1, Chongqing S. Rd., Zhongzheng Dist., Taipei City 100, Taiwan
電　　話：(02) 2370-3310　　傳　　真：(02) 2388-1990
印　　刷：京峯數位服務有限公司
律師顧問：廣華律師事務所 張珮琦律師

-版權聲明

本書作者使用 AI 協作，若有其他相關權利及授權需求請與本公司聯繫。
未經書面許可，不可複製、發行。

定　　價：420 元
發行日期：2025 年 07 月第一版
◎本書以 POD 印製